“一带一路”背景下外语专业跨文化交际教学与实践研究

车春英　著

北京工业大学出版社

图书在版编目（CIP）数据

“一带一路”背景下外语专业跨文化交际教学与实践研究 / 车春英著. — 北京 ： 北京工业大学出版社，2019.9（2021.4 重印）

ISBN 978-7-5639-6925-8

Ⅰ. ①一… Ⅱ. ①车… Ⅲ. ①外语教学—教学研究 Ⅳ. ① H09

中国版本图书馆 CIP 数据核字（2019）第 179320 号

“一带一路”背景下外语专业跨文化交际教学与实践研究

著　　者：车春英
责任编辑：刘连景
封面设计：点墨轩阁
出版发行：北京工业大学出版社
（北京市朝阳区平乐园 100 号　邮编：100124）
010-67391722（传真）　bgdcbs@sina.com
经销单位：全国各地新华书店
承印单位：三河市嵩川印刷有限公司
开　　本：710 毫米 ×1000 毫米　1/16
印　　张：10
字　　数：210 千字
版　　次：2019 年 9 月第 1 版
印　　次：2021 年 4 月第 2 次印刷
标准书号：ISBN 978-7-5639-6925-8
定　　价：53.00 元

前　言

当前时代是繁荣发展的时代。中国的经济和文化取得了前所未有的繁荣。但是，在繁荣背后，我们也应该看到经济发展带来的人才竞争问题。高校是人才培养的主要阵地。外语人才的培养不应成为教育的一个角落，应该从更大的层面考虑跨文化人才培养。这要求大学改变外语教学的观念，并从跨文化的角度重新审视外语教学。西方国家的高等教育一直非常重视培养具有跨文化交际能力的复合型人才。我国高等教育可以借鉴西方的良好经验，在培养具有跨文化交际能力人才的基础上，与时俱进，不断探索外语文化，促进跨文化人才教育发展。

大学外语教学是我国教学体系的重要组成部分。经过多次教学改革，形成了比较完整的外语教学体系。总的来说，外语教学正朝着稳定的方向发展。然而，在外语教学健康有序发展的同时，我们也应该看到我国外语教学的不足，即外语教学中缺乏对文化因素的理解。语言和文化密切相关。语言是文化的载体，促进了社会的进步和发展。因此，学生语言的研究离不开文化研究。一旦文化被删除，学生就无法真正掌握外语。在现实的外语教学中，大多数教师仍然处于传统的知识投入产出模式中，对外语跨文化教学的关注还不够。但是，应该清楚的是，学习外语最终是为了沟通和交流。跨文化因素可以避免沟通中的文化笑话。学生在学习外语以增加跨文化知识，并了解其他国家的文化、价值观等，这对外语学习来说无疑是有利的。

随着信息技术的不断发展，世界各国的交流已经打破了空间的界限，文化交流也越来越频繁。在互联网的帮助下，西方价值观和生活方式逐渐蔓延到包括中国在内的全世界。一些学生开始盲目崇拜西方文化。从这个层面来说，有必要明确跨文化教学的概念。所谓跨文化教学中的文化因素不仅应包括西方的文化，还应包括中国文化，以及中国文化与西方文化的融合。学习多元文化知识可以帮助学生更深入地了解自己的文化，从而帮助他们理解中西文化的差异，帮助他们更好地学习外语。

本书结构严谨，内容丰富。是在“一带一路”倡议提出背景下对外语专业跨文化交际做的研究。本书详细介绍了外语跨文化教学中涉及的多个方面，使外语专业跨文化教学成为一个系统，层次分明。外语跨文化教学是外语教学研究的重点。这一问题的梳理将不可避免地为外语跨文化教学研究提供新的研究资料。然而，由于时间的流逝和作者的有限水平，书中可能存在一些不足之处，还望读者批评和纠正。

目　录

第一章　“一带一路”理论基础与实践体系

第一节　“一带一路”的背景简述

2013年国家提出“丝绸之路经济带”和“21世纪海上丝绸之路”并将二者简称为“一带一路”，“一带一路”倡议的实施不仅推动了我国社会经济的发展，也是我国高等教育国际化发展的催化剂，对沿线地区发展而言机遇和挑战并存。“一带一路”倡议的提出与实施使得沿线地区社会经济发展对人才需求提出了新标准，进而促进了地方本科院校对院校人才培养模式的调整与补充，“一带一路”视域下地方本科院校人才培养模式的调整与补充，须与倡议需求相结合，也要与地方社会经济发展人才需求相适应，多元化的人才需求为复合型外语人才培养模式的改革提供了方向。

自国家提出“一带一路”倡议以来，引起国内外的广泛关注，国内更是掀起倡议研究热潮，起初研究内容主要集中于倡议提出的背景、内涵、实施路径等几个方面，随着“一带一路”倡议的实施，研究内容逐渐扩展到“一带一路”倡议给教育、文化、民生等方面带来的机遇和挑战。

一、相关概念阐述

（一）丝绸之路经济带

丝绸之路经济带是在“古丝绸之路”概念基础上形成的一个新的经济发展区域，2013年9月，国家主席习近平在访问哈萨克斯坦时提出共同建设“丝绸之路经济带”。中国科学院地理所提出丝绸之路经济带可以有以欧亚大陆桥为主的北线、以石油天然气管道为主的中线、以跨国公路为主的南线三条线。

丝绸之路经济带不仅对国外路线做了翔实的定位及分析，而且对国内区域范围内各省份的优势及作用有明晰的阐述。在丝绸之路经济带我国部分省市占据有力地位，黑龙江、吉林、内蒙古等作为经济带向北开放的窗口，位置极为重要；福建作为核心区不仅发挥自身优势并推进其发展；陕西、宁夏、甘肃、青海四省是连接中南亚、西亚国家的重要通道，广西则是丝绸之路海上与陆上的衔接枢纽，以云南省为中心向南亚、东南亚辐射，重要的地理位置为云南的发展创造了良好发展机遇；新疆在古丝绸之路中段和西段中发挥重要作用，有力推进丝绸之路的发展，现今也是推动丝绸之路经济带的核心。

（二）21 世纪海上丝绸之路

2013 年 10 月 3 日，习近平主席访问印度尼西亚时提出共同建设 21 世纪海上丝绸之路。21 世纪海上丝绸之路重视基础文化建设，促进政策沟通、道路联通、民心相通等，共同促进区域发展。2015 年 3 月 28 日，为推进"一带一路"建设的实施进程，我国政府颁布《推动共建丝绸之路经济带和 21 世纪海上丝绸之路的愿景与行动》，以新的发展常态促使亚欧非各国联系更加紧密，增强"一带一路"倡议的实施效益。"一带一路"倡议的提出和实施对我国社会经济的发展起推动作用，"一带一路"倡议将"和平合作、开放包容、互学互鉴、互利共赢"渗透至社会经济、文化教育各个领域。

二、"一带一路"发展的客观需要

2013 年 9 月 7 日习近平主席在哈萨克斯坦提出了共同建设"丝绸之路经济带"的倡议；同年 10 月习近平主席在印度尼西亚国会发表重要演讲时明确提出共同建设"21 世纪海上丝绸之路"，此后将两大战略简称为"一带一路"倡议。

"一带一路"倡议的提出与实施顺应世界多极化发展潮流，"一带一路"倡议的建设和实施促进资源高效配置和市场深度融合，促进沿线国家在经济政策实现更深层次的区域合作，打造均衡的区域经济合作架构。"一带一路"倡议的实施将推动沿线国家和地区的发展，增进沿线地区间的人文交流与文明互鉴。2015 年 3 月中央三部委发布《推动共建丝绸之路经济带和 21 世纪海上丝绸之路的愿景与行动》中提出"一带一路"倡议以政策沟通、设施联通、贸易畅通、资金融通、民心相通为合作的重点内容，政策沟通是重要保障、设施联通是"一带一路"建设的优先发展领域、民心相通是"一带一路"建设的社会根基。民心相通发扬丝绸之路友好合作精神，与沿线地区开展文化、人才合作交流等，为深化多边合作奠定坚实的民意基础。扩大相互间留学生规模，开展合作办学，培养投身"一带一路"建设的本国人才。推动"一带一路"建设，积极发挥各地区的优势，提升经济发展水平。丝路新图有五大线路，分别是北线 A、北线 B、中线、南线及中心线，途径我国的线路主要有中线、南线和中心线。从“一带一路”倡议使命和共建背景及我国城市发展而言，从北京—西安—乌鲁木齐—阿富汗—哈萨克斯坦—匈牙利—巴黎的中线及连云港—郑州—西安—兰州—新疆—中亚—欧洲的中心线尤为重要。在“一带一路”倡议实施背景下，沿线地区要积极与周边国家实现互联互通，尤其是西部地区和民族地区，进而推动民族地区发展转型升级。

三、“一带一路”发展的现实需求

丝绸之路经济带及 21 世纪海上丝绸之路的提出与建设是我国统筹国内外形势做出的决策，“一带一路”倡议沿线国家较多，内涵涉及经济、文化、教育及基础设施建设、贸易投资等方面，由于内容涉及领域众多，因此对人才的需求标准也是多样化。

“一带一路”倡议目标的实现需要依靠人才、科技、政策，而所需人才多属创新创业、高端翻译、经贸投资、旅游顾问等复合型、多样化、创新型人才并将其作为倡议实施的支撑和保障。面对“一带一路”倡议对人才的现实需求，高等院校应积极响应此需求，根据人才需求完善培养目标及模式、修订制度等。2014 年新丝路城市发展研究院在香港成立，研究院的成立是我国高等院校积极响应国家“一带一路”倡议与人才需求的成果。高等教育为我国及沿线国家建设“一带一路”提供复合型、协同型、创新型人才支撑，促进我国与“一带一路”沿线国家之间的经济、文化、教育的合作与交流，共享“一带一路”的建设成果，从而实现合作共赢。“一带一路”倡议的多样化人才需求为地方本科院校的人才培养创造发展机遇，地方本科院校如何满足这一需求是值得我们深究的问题之一，也是本书重点研究的问题。

四、“一带一路”在高校的发展

地方本科院校逐渐走向为区域社会经济发展培养人才的中心，也成为推动区域社会经济发展的重要力量，并与地方社会经济文化教育发展联系越发紧密。由于地方本科院校的办学性质，办学资源大多依赖于当地政府和社会的支持，因此，地方本科院校须把区域社会需求作为人才培养的立足点，培养人才乃地方本科院校职能之一，为社会经济发展输送优秀人才，不仅促进社会经济的发展，也推动院校自身的发展。“一带一路”倡议背景下地方本科院校须加强运行管理系统的调整，确保战略沿线地区的人才需求及质量要求。“一带一路”倡议的提出使得沿线区域对人才需求提出新要求，为响应“一带一路”倡议的愿景与行动号召，2015 年 10 月 17 日“一带一路”沿线 8 国 47 所高校在甘肃敦煌成立了“一带一路”高校战略联盟，高校联盟以协同创新及开放包容的理念，推动沿线教育经济等方面的全面合作。在高校战略联盟 39 所国内高校中除 16 所“985”“211”大学外，其余均为地方高校，占高校战略联盟数的 59%。那么，作为地方社会经济发展所需人才主要输送源的地方本科院校如何更好地服务于地方，服务于“一带一路”倡议值得我们深究。

（一）“一带一路”的研究现状

近几年地方本科院校在办学理念、教学质量、师资等方面有所发展，但在人才培养模式、人才培养目标与类型方面存在不足，地方本科院校自建立就将人才培养目标定位于应用型专业化的人才，主要目的在于充分发挥为地方发展输送优秀人才的目标，而这一目标的实现需要依靠地方本科院校根据实情调整人才培养模式。在“一带一路”倡议实施的当下，为确保地方本科院校充分发挥其人才培养的职能，地方本科院校应在把握“一带一路”倡议人才需求的主要趋势及地方社会发展所需人才标准的前提下，对院校人才培养模式进行补充及调整。地方本科院校人才培养模式的变革和调整不仅是倡议实施的需求，也是构建特色人才培养模式的实践需求，同时“一带一路”途经沿线地区社会经济发展对地方本科院校人才培养提出新的需求。

自“一带一路”倡议提出以来，对倡议的研究文献多以社会学、经济学、政治学为视角，内容集中于“一带一路”倡议提出的背景、内容及实施的路径，而研究“一带一路”将给高等教育带来何种机遇和挑战的文献很少，地方本科院校作为高等教育发展的重要组成部分，为“一带一路”倡议实施输送优秀人才也是职责之一。复旦—甘肃丝绸之路经济带建设协同发展研究院院长侯杨方教授谈及推动“一带一路”倡议实施需求因素时，提到掌握相关的外语仅仅是第一步，还要从更高的层次上考虑人才的培养问题，积极完善原有的人才培养模式。此外，强调人才培养不仅要引进来还要走出去，形成双向互动的局面。因此，“一带一路”倡议背景下，地方本科院校人才培养模式的调整与补充有其必要性和重要性。“一带一路”倡议背景下地方本科院校如何为其培养优秀人才，如何进一步服务沿线地区社会经济发展，如何把握“一带一路”契机推动自身的发展等是摆在我们面前需要重视的问题。在“一带一路”倡议背景下，地方本科院校如何调整及补充人才培养模式，以培养“一带一路”倡议实施所需的人才，及推动沿线地方经济发展的专业化应用型人才，是值得我们探究的策略与实践问题。

在高等教育大众化及“一带一路”倡议实施的大背景下，对于培养具备哪些技能及素质的人才，怎么培养人才成为高校面临的重要问题。地方本科院校逐渐成为推动高等教育发展的主力，而“一带一路”倡议实施对人才的需求及地方本科院校自身的特殊性，促使院校人才培养模式在应然与实然间进行调整。一般来说，地方本科院校人才培养目标主要以培养应用型人才为主，而“一带一路”倡议的实施给沿线地区带来的机遇与挑战，使得地方本科院校不得不从地方发展对人才的需求及“一带一路”倡议实施的需求做出应有的调整，从而制定相应的培养策略。本书在对“一带一路”倡议及相关概念的阐述与界定基础上，分析“一带一路”视域下地方本科院校人才培养模式调整的依据与具体构想、调整的实施举措与保障措施。在理论和实践上为地方本科院校调整人才培养模式提供借鉴和参考。“一带一路”倡议不仅推动我国社会经济的发展，也是我国高等教育国际化发展的催化剂。目前地方本科院校人才培养发展相对较完整，但“一带一路”倡议的实施，使沿线地区对所需人才标准提出新的要求，促使地方本科院校对其人才培养模式进行补充与调整。以下以“一带一路”倡议为基点分析地方本科院校人才培养的策略，通过分析地方本科院校人才培养模式改革的理论依据、具体构想、实施举措等方面归纳、概括出“一带一路”视域下，地方本科院校人才培养模式改革的理论依据，为地方本科院校更好地服务于“一带一路”倡议发挥理论指导的作用。

1.“一带一路”倡议内涵及背景研究综述

郑志来从国内外经济及贸易发展情况阐述了“一带一路”倡议实施的背景、路径与对策研究，以倡议统一规划、多边合作机制为基础分析倡议实施的路径，详细分析了推动战略发展的对策。

何茂春、张冀兵等分析“一带一路”倡议面临的障碍与对策时提出，目前主要障碍在于区域内的国家对“一带一路”充满疑虑，再加上沿线国家基础设施的建设与维护成本不小。因此，我国在推进“一带一路”倡议实施的过程中，要以科学合理的大局观为指导，加强对外交流与合作，整合国内外及各区域的资源。吴涧生主要对“一带一路”倡议的重要意义、基本内涵、面临的机遇和挑战进行思考和分析，使沿线各国共享“一带一路”带来的开放、市场、新机遇和新动力。

学者对“一带一路”倡议的背景、内涵、路径等方面的研究较多，但缺乏相应理论与战略相结合的研究，倡议的实施不仅需要科学理论为指导，更需要以实践需求为基础，因此，在研究“一带一路”倡议时除从政策视角外，也要对“一带一路”倡议实践及理论指导进行研究。

2.“一带一路”倡议与教育关系的研究综述

国内不少学者在已有战略实施的背景、路径与对策研究的基础上分析了“一带一路”与教育的关系，周谷平等强调人才是“一带一路”建设的重要影响因素，倡议的实施要以“内生”和“外延”为路径，更新观念，完善办学制度，加强对实践的重视，切实担负起人才培养的重要使命。

因此为保障战略的实施，需建立“一带一路”倡议人才培养体系，以培养复合型、全面发展的人才。从宇、李兴华以云南高等教育发展战略选择为视角，探讨“一带一路”背景下高等教育该如何选择策略，云南高等教育应采用“集中发展＋同心化＋复合多样化”战略，通过人才培养模式的补充与调整，切实增强云南高等教育服务区域经济社会发展的能力。

2015年在“一带一路”人才战略论坛上，有学者建议进行“跨专业跨学校跨区域”培养“一带一路”人才，论坛提出高层次国际化复合型人才的匮乏成为“一带一路”倡议实施的最大瓶颈，清华大学副校长杨斌呼吁，深化学校、企业、政府三方合作，打造“一带一路”人才成长网络。高校如何担当起“一带一路”人才培养的战略使命不仅是高校需要探索的难题也是值得我们深究的问题，地方本科院校在抓住发展契机之余，要充分发挥自身办学特色和地方特色，有力推进“一带一路”发展进程。“一带一路”倡议为我国社会经济创造了莫大的发展契机，为高等教育提供了更有利的发展平台，而高等教育在倡议实施进程发挥重要作用，“一带一路”所需人才不仅需要企业培养，更需要地方本科院校充分利用地方有利资源及学校优势，发挥人才培养的重要职能。

（二）“一带一路”倡议背景下地方本科院校面临的机遇与挑战

目前，有关地方本科院校人才培养模式的学术研究较多，主要研究内容集中于人才培养目标的定位和途径、人才培养规格及准则、人才培养模式的调整与建构等，总体来看，对这一领域的研究多是操作性的策略与方法分析，而对地方本科院校人才培养模式系统性和完整性的研究不足，并且研究操作性策略时，对相应的保障及质量监督体系则较少论及。因此，对地方本科院校人才培养模式的研究需要在研究理论的同时对相应的保障和监督体系进行分析。

也有不少学者从高校与企业合作培养的视角研究地方本科院校的人才培养模式。此外，从社会需求、多元整合、复合型人才培养等视角分析地方本科院校人才培养模式的建构，赵运林强调本科院校人才培养模式的建构是一个多元整合的过程，是应用型目标与学术型目标导向的整合，这为地方本科院校人才培养模式的补充与调整提供多方面的视角。张阿樱和李志平以培养复合型人才为目标，对人才培养的范式进行实证研究，提出面向社会需求的复合型人才培养范式研究。

地方本科院校人才培养模式的补充和调整，需要专家学者从不同政策角度及研究视角探索推动地方本科院校人才培养模式科学发展的有效途径和举措。地方本科院校人才培养模式研究内容以培养目标、培养规格、培养模式建构居多。在培养目标方面，詹星分析了地方本科院校培养目标及课程体系，并对培养目标和课程体系在人才培养中的重要性进行了分析，我们不难发现培养目标的调整也意味着要建立相应的课程体系来作为保障。杜才平在《地方本科院校人才培养目标定位及实现路径》一文中，分析了地方本科院校人才培养目标的定位，只有明确定位，才能找出合适的实现路径以期推进地方本科院校人才培养目标的实现。国内地方本科院校人才培养模式的研究视角较广泛，研究者包括硕士、博士、研究员、副教授到教授等，对人才培养模式补充和调整方面的研究也有不少，但对人才培养模式建构的保障体系缺乏研究和分析。不仅如此，对人才培养模式建构的质量如何评价基本上没有涉及，因此，我们在对地方本科院校研究的过程中要提高完整性和系统性，加强对人才培养模式建构和调整的保障及质量评估体系的建设。

地方本科院校人才培养模式的补充与调整是为“一带一路”倡议输送优秀人才的保障，近年来，地方本科院校逐渐开始探索人才培养模式改革的途径。李钧敏对地方本科院校人才培养模式的研究集中于“订单式”的培养模式，“订单式”人才培养模式强调企业、学校、学生三方共赢的举措，具有重要的实践价值，也是强化实践性、应用性教学的有益尝试，是地方本科院校实现应用型人才培养目标的重要途径之一。接着分析了地方本科院校人才培养模式存在的问题，对“订单式”人才培养在地方本科院校的开展进行了探索。李儒寿以湖北文理学院为例探讨了“211”人才培养模式，“211”人才培养模式改革是由学校组织、校企集体设计、师生共同实践的系统化教学改革，以人才培养方案设计为先导，以课程教学改革为核心，以实践教学改革为重点，对应用型人才培养的要素进行教育改革。孙莹用 T-P-R 三段式分析了地方本科院校人才培养的特色范式，分别对应用型人才培养范式、复合型人才培养范式及研究型人才培养范式的培养目标、培养措施、培养结果及存在的不足进行了探讨，进而总结出地方本科院校人才培养特色范式在人才培养目标（T）、培养过程（P）及培养结果（R）三方面改革的优势及措施。地方本科院校的人才培养模式历来是学者研究的重点，也是地方院校一直关注的焦点，“一带一路”倡议背景下地方本科院校人才培养模式的调整显得尤为重要，地方本科院校要抓住“一带一路”倡议带来的机遇，须以战略输送人才为基础，因此，地方本科院校人才培养模式的调整迫在眉睫。

“一带一路”倡议的提出和实施，不仅为我国社会经济发展创造机遇和挑战，地方本科院校应积极把握和应对“一带一路”倡议所带来的机遇与挑战。首先，“一带一路”倡议的提出与实施为地方本科院校创造了与沿线地区合作交流的平台，促进沿线地方本科院校之间进行政策互动、人才培养互动及学生交流互动等，为培养多元化的人才创造了有利环境。

其次，“一带一路”倡议的提出为提高地方本科院校人才发展提供了新思路，在更新人才培养理念及院校合作方式等方面起积极的推进作用，并且在院校实践发展方面促进院校不断改革，并加强与院校之间专业设置等方面的交流，提高了人才培养质量。

再次，“一带一路”倡议的实施为地方本科院校也提出了挑战，由于沿线地方本科院校国际化水平相对较低，因此在服务和把握“一带一路”倡议方面力量稍显微薄，此外，较低的国际化水平难以吸引留学生，这就导致地方本科院校难以应对“一带一路”倡议所带来的挑战。

最后，地方本科院校人才培养目标大多定位于服务地方，而“一带一路”倡议的实施所需人才标准及类型丰富于地方。因此，地方本科院校在人才培养标准和类型方面须补充，以便更好应对战略所带来的挑战。地方本科院校除了要把握“一带一路”倡议创造的机遇外，也要积极做相应的调整与补充来应对挑战，以期提高地方本科院校的影响力，促进院校全面发展。

第二节　“一带一路”建设

“一带一路”建设是一项系统工程，要坚持共商、共建、共享原则，积极推进沿线国家发展战略的相互对接。为推进实施“一带一路”重大倡议，让古丝绸之路焕发新的生机活力，以新的形式使亚欧非各国联系更加紧密，互利合作迈向新的历史高度，中国政府特制定并发布《推动共建丝绸之路经济带和21世纪海上丝绸之路的愿景与行动》。

一、共建原则

恪守联合国宪章的宗旨和原则。遵守和平共处五项原则，即尊重各国主权和领土完整、互不侵犯、互不干涉内政、和平共处、平等互利。

坚持开放合作。“一带一路”相关的国家基于但不限于古代丝绸之路的范围，各国和国际、地区组织均可参与，让共建成果惠及更广泛的区域。

坚持和谐包容。倡导文明宽容，尊重各国发展道路和模式的选择，加强不同文明之间的对话，求同存异、兼容并蓄、和平共处、共生共荣。

坚持市场运作。遵循市场规律和国际通行规则，充分发挥市场在资源配置中的决定性作用和各类企业的主体作用，同时发挥好政府的作用。

坚持互利共赢。兼顾各方利益和关切，寻求利益契合点和合作最大公约数，体现各方智慧和创意，各施所长，各尽所能，把各方优势和潜力充分发挥出来。

二、框架思路

“一带一路”是促进共同发展、实现共同繁荣的合作共赢之路，是增进理解信任、加强全方位交流的和平友谊之路。中国政府倡议，秉持和平合作、开放包容、互学互鉴、互利共赢的理念，全方位推进务实合作，打造政治互信、经济融合、文化包容的利益共同体、命运共同体和责任共同体。

“一带一路”贯穿亚欧非大陆，一头是活跃的东亚经济圈，一头是发达的欧洲经济圈，中间广大腹地国家经济发展潜力巨大。丝绸之路经济带重点畅通中国经中亚、俄罗斯至欧洲（波罗的海）；中国经中亚、西亚至波斯湾、地中海；中国至东南亚、南亚、印度洋。21世纪海上丝绸之路重点方向是从中国沿海港口过南海到印度洋，延伸至欧洲；从中国沿海港口过南海到南太平洋。

根据“一带一路”走向，陆上依托国际大通道，以沿线中心城市为支撑，以重点经贸产业园区为合作平台，共同打造新亚欧大陆桥、中蒙俄、中国、中亚西亚、中国中南半岛等国际经济合作走廊；海上以重点港口为节点，共同建设通畅、安全、高效的运输大通道。中巴、孟中印缅两个经济走廊与推进“一带一路”建设关联紧密，要进一步推动合作，取得更大进展。

“一带一路”建设是沿线各国开放合作的宏大经济愿景，需各国携手努力，朝着互利互惠、共同安全的目标相向而行。努力实现区域基础设施更加完善，安全高效的陆海空通道网络基本形成，互联互通达到新水平；投资贸易便利化水平进一步提升，高标准自由贸易区网络基本形成，经济联系更加紧密，政治互信更加深入；人文交流更加广泛深入，不同文明互鉴共荣，各国人民相知相交、和平友好。

三、合作重点

沿线各国资源禀赋各异，经济互补性较强，彼此合作潜力和空间很大。以政策沟通、设施联通、贸易畅通、资金融通、民心相通为主要内容，重点在以下方面加强合作。

（一）政策沟通

加强政策沟通是“一带一路”建设的重要保障。加强政府间合作，积极构建多层次政府间宏观政策沟通交流机制，深化利益融合，促进政治互信，达成合作新共识。沿线各国可以就经济发展战略和对策进行充分交流对接，共同制定推进区域合作的规划和措施，协商解决合作中的问题，共同为务实合作及大型项目实施提供政策支持。

（二）设施联通

基础设施互联互通是“一带一路”建设的优先领域。在尊重相关国家主权和安全关切的基础上，沿线国家宜加强基础设施建设规划、技术标准体系的对接，共同推进国际骨干通道建设，逐步形成连接亚洲各区域以及亚欧非之间的基础设施网络。强化基础设施绿色低碳化建设和运营管理，在建设中充分考虑气候变化的影响。

抓住交通基础设施的关键通道、关键节点和重点工程，优先打通缺失路段，畅通瓶颈路段，配套完善道路安全防护设施和交通管理设施设备，提升道路通达水平。推进建立统一的全程运输协调机制，促进国际通关、换装、多式联运有机衔接，逐步形成兼容规范的运输规则，实现国际运输便利化。推动口岸基础设施建设，畅通陆水联运通道，推进港口合作建设，增加海上航线和班次，加强海上物流信息化合作。拓展建立民航全面合作的平台和机制，加快提升航空基础设施水平。加强能源基础设施互联互通合作，共同维护输油、输气管道等运输通道安全，推进跨境电力与输电通道建设，积极开展区域电网升级改造合作。共同推进跨境光缆等通信干线网络建设，提高国际通信互联互通水平，畅通信息丝绸之路。加快推进双边跨境光缆等建设，规划建设洲际海底光缆项目，完善空中（卫星）信息通道，扩大信息交流与合作。

（三）贸易畅通

投资贸易合作是“一带一路”建设的重点内容。宜着力研究解决投资贸易便利化问题，消除投资和贸易壁垒，构建区域内和各国良好的营商环境，积极同沿线国家和地区共同商建自由贸易区，激发释放合作潜力，做大做好合作“蛋糕”。沿线国家宜加强信息互换、监管互认、执法互助的海关合作，以及检验检疫、认证认可、标准计量、统计信息等方面的双多边合作，推动世界贸易组织《贸易便利化协定》生效和实施。

改善边境口岸通关设施条件，加快边境口岸“单一窗口”建设，降低通关成本，提升通关能力。加强供应链安全与便利化合作，推进跨境监管程序协调，推动检验检疫证书国际互联网核查，开展“经认证的经营者”（AEO）互认。降低非关税壁垒，共同提高技术性贸易措施透明度，提高贸易自由化便利化水平。

拓宽贸易领域，优化贸易结构，挖掘贸易新的增长点，促进贸易平衡。创新贸易方式，发展跨境电子商务等新的商业业态。建立健全服务贸易促进体系，巩固和扩大传统贸易，大力发展现代服务贸易。把投资和贸易有机结合起来，以投资带动贸易发展。加快投资便利化进程，消除投资壁垒。加强双边投资保护协定、避免双重征税协定磋商，保护投资者的合法权益。拓展相互投资领域，开展农林牧渔业、农机及农产品生产加工等领域深度合作，积极推进海水养殖、远洋渔业、水产品加工、海水淡化、海洋生物制药、海洋工程技术、环保产业和海上旅游等领域合作。加大煤炭、油气、金属矿产等传统能源资源勘探开发合作，积极推动水电、核电、风电、太阳能等清洁、可再生能源合作，推进能源资源就地就近加工转化合作，形成能源资源合作上下游一体化产业链。加强能源资源深加工技术、装备与工程服务合作。

推动新兴产业合作，按照优势互补、互利共赢的原则，促进沿线国家加强在新一代信息技术、生物、新能源、新材料等新兴产业领域的深入合作，推动建立创业投资合作机制。优化产业链分工布局，推动上下游产业链和关联产业协同发展，鼓励建立研发、生产和营销体系，提升区域产业配套能力和综合竞争力。扩大服务业相互开放，推动区域服务业加快发展。探索投资合作新模式，鼓励合作建设境外经贸合作区、跨境经济合作区等各类产业园区，促进产业集群发展。在投资贸易中突出生态文明理念，加强生态环境、生物多样性和应对气候变化合作，共建绿色丝绸之路。

中国欢迎各国企业来华投资。鼓励本国企业参与沿线国家基础设施建设和产业投资。促进企业按属地化原则经营管理，积极帮助当地发展经济、增加就业、改善民生，主动承担社会责任，严格保护生物多样性和生态环境。

（四）资金融通

资金融通是“一带一路”建设的重要支撑。深化金融合作，推进亚洲货币稳定体系、投融资体系和信用体系建设。扩大沿线国家双边本币互换、结算的范围和规模。推动亚洲债券市场的开放和发展。共同推进亚洲基础设施投资银行、金砖国家开发银行筹建，有关各方就建立上海合作组织融资机构开展磋商。加速丝路基金组建运营。深化中国—东盟银行联合体、上合组织银行联合体务实合作，以银团贷款、银行授信等方式开展多边金融合作。支持沿线国家政府和信用等级较高的企业以及金融机构在中国境内发行人民币债券。符合条件的中国境内金融机构和企业可以在境外发行人民币债券和外币债券，鼓励在沿线国家使用所筹资金。

加强金融监管合作，推动签署双边监管合作谅解备忘录，逐步在区域内建立高效监管协调机制。完善风险应对和危机生存制度安排，构建区域性金融风险预警系统，形成应对跨境风险和危机生存的交流合作机制。加强征信管理部门、征信机构和评级机构之间的跨境交流与合作。充分发挥丝路基金以及各国主权基金作用，引导商业性股权投资基金和社会资金共同参与“一带一路”重点项目建设。

（五）民心相通

民心相通是“一带一路”建设的社会根基。传承和弘扬丝绸之路友好合作精神，广泛开展文化交流、学术往来、人才交流合作、媒体合作、青年和妇女交往、志愿者服务等，为深化双多边合作奠定坚实的民意基础。

扩大相互间留学生规模，开展合作办学，中国每年向沿线国家提供 1 万个政府奖学金名额。沿线国家间互办文化年、艺术节、电影节、电视周和图书展等活动，合作开展广播影视剧精品创作及翻译，联合申请世界文化遗产，共同开展世界遗产的联合保护工作，深化沿线国家间人才交流合作。

加强旅游合作，扩大旅游业，互办旅游推广周、宣传月等活动，联合打造具有丝绸之路特色的国际精品旅游线路和旅游产品，提高沿线各国游客签证便利化水平。推动21世纪海上丝绸之路邮轮旅游合作。积极开展体育交流活动，支持沿线国家申办重大国际体育赛事。

强化与周边国家在传染病疫情信息沟通、防治技术交流、专业人才培养等方面的合作，提高合作处理突发公共卫生事件的能力。为有关国家提供医疗援助和应急医疗救助，在妇幼健康、残疾人康复以及艾滋病、结核、疟疾等主要传染病领域开展务实合作，扩大在传统医药领域的合作。

加强科技合作，共建联合实验室、国际技术转移中心、海上合作中心，促进科技人员交流，合作开展重大科技攻关，共同提升科技创新能力。整合现有资源，积极开拓和推进与沿线国家在青年就业、创业培训、职业技能开发、社会保障管理服务、公共行政管理等共同关心领域的务实合作。充分发挥政党、议会交往的桥梁作用，加强沿线国家之间立法机构、主要党派和政治组织的友好往来。开展城市交流合作，欢迎沿线国家重要城市之间互结友好城市，以人文交流为重点，突出务实合作，形成更多鲜活的合作范例。欢迎沿线国家智库之间开展联合研究、合作举办论坛等。

加强沿线国家民间组织的交流合作，重点面向基层民众，广泛开展教育医疗、减贫开发、生物多样性和生态环保等各类公益慈善活动，促进沿线贫困地区生产生活条件改善。加强文化传媒的国际交流合作，积极利用网络平台，运用新媒体工具，塑造和谐友好的文化生态和舆论环境。

四、合作机制

当前，世界经济融合加速发展，区域合作方兴未艾。积极利用现有双多边合作机制，推动“一带一路”建设，促进区域合作蓬勃发展。

加强双边合作，开展多层次、多渠道沟通磋商，推动双边关系全面发展。推动签署合作备忘录或合作规划，建设一批双边合作示范。建立完善双边联合工作机制，研究推进“一带一路”建设的实施方案、行动路线图。充分发挥现有联委会、混委会、协委会、指导委员会、管理委员会等双边机制作用，协调推动合作项目实施。

强化多边合作机制作用，发挥上海合作组织（SCO，简称上合组织）、中国—东盟“10+1”、亚太经合组织（APEC）、亚欧会议（ASEM）、亚洲合作对话（ACD）、亚信会议（CICA）、中阿合作论坛、中国—海合会战略对话、大湄公河次区域（GMS）经济合作、中亚区域经济合作化（CAREC）等现有多边合作机制作用，相关国家加强沟通，让更多国家和地区参与“一带一路”建设。

继续发挥沿线各国区域、次区域相关国际论坛、展会以及博鳌亚洲论坛、中国—东盟博览会、中国—亚欧博览会、欧亚经济论坛、中国国际投资贸易洽谈会，以及中国—南亚博览会、中国—阿拉伯博览会、中国西部国际博览会、中国—俄罗斯博览会、前海合作论坛等平台的建设性作用。支持沿线国家地方、民间挖掘“一带一路”历史文化遗产，联合举办专项投资、贸易、文化交流活动，办好丝绸之路（敦煌）国际文化博览会、丝绸之路国际电影节和图书展。倡议建立“一带一路”国际高峰论坛。

五、中国各地方开放态势

推进“一带一路”建设，中国将充分发挥国内各地区的比较优势，实行更加积极主动的开放战略，加强东中西互动合作，全面提升开放型经济水平。

西北地区。发挥新疆独特的区位优势和向西开放重要窗口作用，深化与中亚、南亚、西亚等国家交流合作，形成丝绸之路经济带上重要的交通枢纽、商贸物流和文化科教中心，打造丝绸之路经济带核心区。发挥陕西、甘肃综合经济文化和宁夏、青海民族人文优势，打造西安内陆型改革开放新高地，加快兰州、西宁开发开放，推进宁夏内陆开放型经济试验区建设，形成面向中亚、南亚、西亚国家的通道、商贸物流枢纽、重要产业和人文交流基地。

东北地区。发挥内蒙古联通俄蒙的区位优势，完善黑龙江对俄铁路通道和区域铁路网，以及黑龙江、吉林、辽宁与俄远东地区陆海联运合作，推进构建北京—莫斯科欧亚高速运输走廊，建设向北开放的重要窗口。

西南地区。发挥广西与东盟国家陆海相邻的独特优势，加速北部湾经济区和珠江—西江经济带开放发展，构建面向东盟区域的国际通道，打造西南、中南地区开放发展新的战略支点，形成21世纪海上丝绸之路与丝绸之路经济带有机衔接的重要门户。发挥云南区位优势，推进与周边国家的国际运输通道建设，打造大湄公河次区域经济合作新高地，建设成为面向南亚、东南亚的辐射中心。推进西藏与尼泊尔等国家边境贸易和旅游文化合作。

沿海和港澳台地区。利用长三角、珠三角、海峡西岸、环渤海等经济区开放程度高、经济实力强、辐射带动作用大的优势，加速推进中国海上自由贸易试验区建设，支持福建建设21世纪海上丝绸之路核心区。充分发挥深圳前海、广州、南沙、珠海横琴、福建平潭等开放合作区作用，深化与港澳台合作，打造粤港澳大湾区。推进浙江海洋经济发展示范区、福建海峡蓝色经济试验区和舟山群岛新区建设，加大海南国际旅游岛开发开放力度。加强上海、天津、宁波—舟山、广州、深圳、湛江、汕头、青岛、烟台、大连、福州、厦门、泉州、海口、三亚等沿海城市港口建设，强化上海、广州等国际枢纽机场功能。以扩大开放倒逼深层次改革，创新开放型经济体制机制，加大科技创新力度，形成参与和引领国际合作竞争新优势，成为“一带一路”特别是21世纪海上丝绸之路建设的排头兵和主力军。发挥海外侨胞以及香港、澳门特别行政区独特优势作用，积极参与和助力“一带一路”建设。为台湾地区参与“一带一路”建设做出妥善安排。

内陆地区。利用内陆纵深广阔、人力资源丰富、产业基础较好的优势，依托长江中游城市群、成渝城市群、中原城市群、呼包鄂榆城市群、哈长城市群等重点区域，推动区域互动合作和产业集聚发展，打造重庆西部开发开放重要支撑和成都、郑州、武汉、长沙、南昌、合肥等内陆开放型经济高地。加快推动长江中上游地区和俄罗斯伏尔加河沿岸联邦区的合作。建立中欧通道铁路运输、口岸通关协调机制，打造“中欧班列”品牌，建设沟通境内外、连接东中西的运输通道。支持郑州、西安等内陆城市建设航空港、国际陆港，加强内陆口岸与沿海、沿边口岸通关合作，开展跨境贸易电子商务服务试点。优化海关特殊监管区域布局，创新加工贸易模式，深化与沿线国家的产业合作。

六、中国积极行动

中国政府积极推动“一带一路”建设，加强与沿线国家的沟通磋商，推动与沿线国家的务实合作，实施了一系列政策措施，努力收获早期成果。

高层引领推动。习近平主席、李克强总理等国家领导人先后出访20多个国家，出席加强互联互通伙伴关系对话会、中阿合作论坛第六届部长级会议，就双边关系和地区发展问题，多次与有关国家元首和政府首脑进行会晤，深入阐释“一带一路”的深刻内涵和积极意义，就共建“一带一路”达成广泛共识。

签署合作框架。与部分国家签署了共建“一带一路”合作备忘录，与一些毗邻国家签署了地区合作和边境合作的备忘录以及经贸合作中长期发展规划。研究编制与一些毗邻国家的地区合作规划纲要。

推动项目建设。加强与沿线有关国家的沟通磋商，在基础设施互联互通、产业投资、资源开发、经贸合作、金融合作、人文交流、生态保护、海上合作等领域，推进了一批条件成熟的重点合作项目。

完善政策措施。中国政府统筹国内各种资源，强化政策支持。推动亚洲基础设施投资银行筹建，发起设立丝路基金，强化中国—欧亚经济合作基金投资功能。推动银行卡清算机构开展跨境清算业务和支付机构开展跨境支付业务。积极推进投资贸易便利化，推进区域通关一体化改革。

发挥平台作用。各地成功举办了一系列以“一带一路”为主题的国际峰会、论坛、研讨会、博览会，对增进理解、凝聚共识、深化合作发挥了重要作用。

七、共创美好未来

共建“一带一路”是中国的倡议，也是中国与沿线国家的共同愿望。站在新的起点上，中国愿与沿线国家一道，以共建“一带一路”为契机，平等协商，兼顾各方利益，反映各方诉求，携手推动更大范围、更高水平、更深层次的大开放、大交流、大融合。“一带一路”建设是开放的、包容的，欢迎世界各国和国际、地区组织积极参与。

共建“一带一路”的途径是以目标协调、政策沟通为主，不刻意追求一致性，可高度灵活，富有弹性，是多元开放的合作进程。中国愿与沿线国家一道，不断充实完善“一带一路”的合作内容和方式，共同制定时间表、路线图，积极对接沿线国家发展和区域合作规划。

中国愿与沿线国家一道，在既有双多边和区域次区域合作机制框架下，通过合作研究、论坛展会、人员培训、交流访问等多种形式，促进沿线国家对共建“一带一路”的内涵、目标、任务等方面的进一步理解和认同。

中国愿与沿线国家一道，稳步推进示范项目建设，共同确定一批能够照顾双多边利益的项目，对各方认可、条件成熟的项目抓紧启动实施，争取早日开花结果。

“一带一路”是条互尊互信之路，是条合作共赢之路，是条文明互鉴之路。只要沿线各国和衷共济、相向而行，就一定能够谱写建设丝绸之路经济带和21世纪海上丝绸之路的新篇章，让沿线各国人民共享“一带一路”共建成果。

第三节　“一带一路”历史逻辑与发展理念

中共中央政治局2016年4月29日下午就历史上的丝绸之路和海上丝绸

之路进行第三十一次集体学习。中国社会科学院边疆研究所李国强研究员就这个问题进行讲解。距今2000多年前，我们的祖先在极为艰难的条件下，开启了与世界其他国家和地区友好交往的大门，在中国与世界之间形成了两条重要的国际通道，这就是时至今日仍为世人称道的陆地丝绸之路和海上丝绸之路。2013年提出建设丝绸之路经济带和21世纪海上丝绸之路的倡议，受到国际社会高度关注，得到沿线各国广泛支持。它将中国梦与世界梦有机地衔接在一起，使我们清晰地看到人类文明发展进步的美好前景。基于对历史上丝绸之路和海上丝绸之路的回顾，我们可以清晰地看到“一带一路”倡议的历史逻辑。

一、“一带一路”的历史逻辑

“一带一路”连接历史指向未来，连着中国通向世界。古代丝绸之路由陆地和海洋上的众多通道构成，其中陆地丝绸之路主要有4条：西北丝绸之路、北方草原丝绸之路、南方丝绸之路和东北亚丝绸之路。陆地丝绸之路的主线，从西安或洛阳出发，最终到达欧洲的罗马和非洲的埃及等地。海上丝绸之路主要线路有3条，分别是东洋航线、南洋航线和西洋航线。海上丝绸之路从我国东南沿海多地出发，一直到达肯尼亚、索马里、坦桑尼亚等非洲东海岸。

在陆地丝绸之路漫长的发展过程中，经历了先秦萌发、秦汉形成、隋唐繁荣、宋元式微、明清衰落5个阶段。而海上丝绸之路则经历了秦汉肇始、唐宋形成、元明清繁荣、清末衰落4个阶段。在第十二届中国（深圳）国际文化产业博览交易会上，特设的“一带一路”展馆吸引了沿线多个国家和地区在此设立展台。

可以说，古代丝绸之路和海上丝绸之路从来不是单一道路，而是由众多通道组成，它首次开辟东西方大通道，是人类历史上经贸交流的里程碑；古代丝绸之路和海上丝绸之路的发展与繁荣由沿线各国人民共同推动，不仅首次实现了科学技术大传播，成为人类社会和生产方式巨变的孵化器，而且首开人类文明交流先河，是不同国家、不同民族和平交往的典范，谱写了人类文明史上的华丽乐章。

“一带一路”一端连着历史，一端指向未来，一端连着中国，一端通向世界。它不是古代丝绸之路的复兴，更不是古代丝绸之路的翻版，而是伟大的超越。“一带一路”倡议汲取的是古代丝绸之路文明的精髓，传承的是古代丝绸之路文明的精神，致力于打造的是互利共赢人类命运共同体的光明未来，其内涵和外延都是古代丝绸之路不可比拟的。

古代丝绸之路构建起了全新的中西经贸与文化交流平台，集中代表了古代历史上先进的理念、前进的方向和发展的要求。但它从来不是一条固定的有形道路，古代丝绸之路最重要的价值和意义，就在于其经2000多年所凝练的“团结互信、平等互利、包容互鉴、合作共赢”的丝路精神。

“一带一路”倡议绝不是简单地借用古代丝绸之路这个名称，也不是简单地运用古代丝绸之路这个符号，而是要继承和弘扬伟大的丝路精神，并将其化作联结“一带一路”沿线国家和人民的精神支点和纽带，把古代丝绸之路缔造的无数辉煌化作激发我们推动当今社会和平发展的新思维、新路径，创造性地推进“一带一路”建设。

透过对古代丝绸之路形成发展历史的总结，我们不难发现，“一带一路”倡议与古代丝绸之路既有诸多差异，也有许多共性。我们既能从古代丝绸之路所积淀的经验中获取真知和养分，也能从古代丝绸之路所累积的教训中得到新知和感悟。

（一）经济社会繁荣是“一带一路”倡议的基本动因

经济繁荣是国运昌盛的缩影，是古代丝绸之路和海上丝绸之路形成发展的先决条件。从历史上看，陆海丝绸之路兴盛之时都是古代中国最强盛之时。从汉唐到宋元，从明到清中叶，我国综合国力接连强盛，为丝绸之路的形成和发展奠定了基础，提供了可能。可以说，丝绸之路的兴衰是国家综合国力强弱的晴雨表。

经济的高度繁荣，使我国成为古代丝绸之路和海上丝绸之路当之无愧的引领者。尽管沿线各国各地区人口规模、资源禀赋、经济水平千差万别，但都有商品交换的共同愿望。古代丝绸之路在东西方经济发展的利益诉求下应运而生，在沿线国家的互通有无中日渐兴盛。它聚合了沿线国家的商贸、产业和资源配置，成为各方利益交汇的经济走廊。而丝绸之路在顺应沿线国家商品贸易、人员交往和人文交流多种需求的同时，进一步带来沿线国家商品结构、生产方式、市场行为以及政策机制、社会组织、思想观念重新建构的连锁反应。

历史表明，经济的进步和繁荣既是丝绸之路形成的基础，也是丝绸之路持久兴旺的动力源泉。“一带一路”沿线涉及60多个国家和地区，是目前全球贸易和跨境投资增长最快的地区之，也是世界经济发展最具潜力、最有活力的地区。尽管沿线各国国情不同，社会制度、发展水平、文化传统、宗教信仰存在较大差异，但都有十分强烈的发展愿望。“一带一路”倡议顺应沿线国家发展经济、维护稳定、改善民生的现实需求，为沿线国家经济社会发展提供了重要战略机遇和新型合作平台，符合中国和沿线国家的共同利益和共同要求。随着区域经济一体化建设的渐趋深入，“一带一路”倡议必将极大地推动沿线各国经济社会快速发展，从而造福于沿线各国人民。

政府引导与主体参与的有机统一是“一带一路”建设的客观要求，如果说丝绸之路的形成发展是经济繁荣的必然的话，那么，政府引导和民间主体则是丝绸之路腾飞的“两翼”。

有人认为，古代丝绸之路从未有过政府的经营行为，完全是民间自发性使然。这个观点是不能成立的。事实上，历代政府都在丝绸之路发展中发挥了不可或缺的作用——设置官职、制定规则、出台政策，为丝绸之路贸易提供了制度支持；稳定边疆、建立驿站、军事戍守，为丝绸之路的畅通提供了安全保障；与沿线国家和各民族讲信修睦、守望相助，为丝绸之路的发展营造出良性的外部环境。

由民间自发的货物交换而促成，是古代丝绸之路最显著的特点之一。往来于丝绸之路的群体是多元的，几乎囊括了沿线各国、各地区、各民族，有僧侣、学者、工匠，也有使节、商队、贩客。丝绸之路贸易的形式是多样的，既有官方贸易，也有边界互市、民间交易。丝绸之路贸易涉及的行业是多类型的，几乎涵盖了各时期主要经济领域。尽管古代陆海丝绸之路的物质生产、商品流通和资本流动只具有低级的市场调节特征，但参与其中的多元力量，是推动丝绸之路发展的最活跃的主体元素。

历史表明，政府支持与多元主体参与的共同作用，是丝绸之路繁荣发展的基本保障。在“一带一路”建设中，只有使政府与参与主体协调起来、形成合力，才能激发出推动丝绸之路发展的活力，使丝绸之路成为各方利益共享、合作共赢的平台。

（二）和平稳定是“一带一路”建设的必要前提

古代丝绸之路和海上丝绸之路展现出一幅幅我国与沿线国家友好交往的壮美画卷。和谐的政治氛围、融洽的民族关系、安定的沿线环境，为古老的丝绸之路增添了亮丽的色彩。而丝绸之路的伟大之处，恰恰在于通过和平的方式，实现了跨国商贸活动和跨种族文化交流。

古代丝绸之路从形成伊始，就与沿线国家政治稳定度、彼此关系和谐度息息相关。我国秉持以和为贵、以诚相待的理念，与沿线国家维系了长期和平稳定的政治关系。

有人认为，中国提出的“一带一路”倡议是要恢复历史上的朝贡关系，这一观点是对历史的极大误解。所谓朝贡关系是从公元前3世纪至19世纪末期，东亚、东南亚和中亚地区的一种政治秩序体系。至唐代，朝贡关系的政治含义弱化，礼尚往来、商品交换的性质上升，朝贡关系转化为朝贡贸易。凡与中国有朝贡关系的国家，无不借朝贡以物易物、获得中原王朝丰厚的回馈，朝贡使团的人数动辄数百人。但是关于古代朝贡关系值得我们注意的是以下几点。

①古代朝贡关系不是丝绸之路的产物，而是特定历史时期、特定对象之间的双边关系。尽管不少朝贡使团走的是丝绸之路，但与丝路的形成和发展并无关联。

②中原王朝的回馈没有附加条件，反而是厚往薄来，不堪重负，不得不屡屡限制各国朝贡次数和人数，朝贡贸易的真正受益者并非中原王朝。

③朝贡贸易不是古代丝路贸易的全部，它只是其中一方面，朝贡关系绝不等同于朝贡贸易，朝贡贸易绝不等同于丝绸之路贸易。因此，把“一带一路”倡议与朝贡关系联系起来违背历史事实，是错误的曲解。

与西方资本主义列强通过血腥扩张寻求殖民统治形成鲜明对比的是，尽管我国是推动丝绸之路形成发展最重要的国度，但从来不借此对外侵略扩张，更没有借丝路之便占有他人土地，从而赢得沿线国家的信任和仰慕，丝绸之路因此成为各国共享和平、共同发展的典范。

历史表明，和平稳定的政治局面和共同发展的共赢理念，是推动丝绸之路走向繁荣的关键因素，也是丝绸之路的本质属性。当我国和沿线国家共有稳定安宁的良好政治氛围时，丝绸之路就会兴旺，当我国和沿线国家共享平等交往、共同发展的融洽关系时，丝绸之路就会昌盛。在经济全球化的大背景下，丝绸之路沿线各国利益交融、兴衰相伴、安危与共的趋势进一步得到强化。因此，在“一带一路”建设中，沿线各国政府应共同构建多层次沟通交流机制，深化利益融台，促进政治互信，共同维护好丝绸之路沿线的和平与稳定。

开放包容是“一带一路”倡议繁荣发展的重要支撑，古代丝绸之路和海上丝绸之路留给后人的弥足珍贵的历史遗产就是开放包容。从道路畅通到经贸繁荣，从物质文明到精神文化，无不是沿线各国人民共同创造，无不是沿线各国人民智慧的结晶。它从来不是中国的独享地带，而是沿线各国共有的财富。沿线各国各民族在交往交流中以开放的心态，尊重彼此文明形态，以包容的观念，善待各自文化差异，从而实现商品互补、文化互鉴、文明互动。

在古代丝绸之路贸易中，我国一向推崇讲情重义、先义后利、互惠互利。

唐朝政府要求各地官员对胡商“常加存问”，“接以仁恩，使其感悦”。讲诚信、重公平，始终是古代中国与丝路沿线国家贸易交往的行为规范和基本遵循。

历史告诉我们，没有哪个民族的智慧能独立支撑整个人类的进步和发展，不同国家和民族只有相互尊重、彼此包容，才能创造出引领时代的文明成果。对外开放，合作共赢是国家强大、社会进步的重要前提；自我封闭，盲目自大，必然导致落后。超越文明属性、制度差异、发展水平，秉持开放包容、合作交流，是解决“一带一路”建设中可能出现的各种难题的重要途径。

文明互鉴是“一带一路”倡议生生不息的动力源泉。古代陆海丝绸之路是人类文明交流的第一通道，通过它中国走向了世界，向世界展示和传播了灿烂的中华文明。持续的跨文明交流对话，记录了也见证了沿线不同国家、众多民族成长的历程，从而成为全人类的集体记忆。

丝绸之路之所以持续时间长、富有生命力，原因就在于思想文化纽带的联结、精神力量的支撑和多元文明的传承。古代丝绸之路上多源发生、多元并存、多维发展的文明，如同一双无形的手，导引着沿线各国各地区的社会进步；又如同一股无形的力量，推动着丝绸之路不断向前迈进。

不同地区的文明发展有各自的内在逻辑，不同文明之间没有高低优劣之分。丝绸之路沿线不同国家不同民族在文明的交流、交融甚至交锋中，跨越语言、意识形态、宗教等种种差异，相互尊重、相互学习、相互理解，哲学思想、人文精神、教化思想、道德理念得到最充分展示、最深入交流，缔造出和而不同、各美其美、美人之美、美美与共的共同价值取向，凝练成“团结互信、平等互利、包容互鉴、合作共赢”的伟大丝路精神。

历史表明，多种文明汇聚而成的价值底蕴，是古代丝绸之路充满活力的不竭之源。文明因多样而纷呈，因互学而丰富，因互鉴而升华。文明的互学互鉴，是丝绸之路生生不息的精神支点，是丝绸之路魅力永恒的精髓所在。

就如同古代丝绸之路加速了人类发展进程，推进了人类文明进步一样，“一带一路”倡议势必在促进全球经济一体化，推动人类文明在更高层次上的迈进中，发挥不可替代的作用。

古代丝绸之路和海上丝绸之路的辉煌历史，不只是人们的记忆，更是我们继往开来的底蕴所在。在充分吸取和借鉴历史经验的基础上，需要以更高的站位、更广的视野，以创新的理念和创新的思维，不断推进和深化“一带一路”建设，从而使沿线各国人民实实在在感受到“一带一路”带来的好处。在中国和沿线国家的共同努力下，“一带一路”倡议终将为世界的和平与发展，为世界人民的福祉，为人类的文明进步做出不可磨灭的贡献。

二、"一带一路"的发展理念

"一带一路"是顺应地区和全球合作潮流，契合沿线国家和地区发展需要，立足当前、着眼长远提出的重大倡议和构想。而党的十八届五中全会提出的创新、协调、绿色、开放、共享的新发展理念则是基于对当今中国社会发展所生出的新的历史方位、新的发展阶段、新的国际政治经济治理需要提出的整体推进中国经济社会发展的核心理念。"一带一路"思想中蕴含着的包容性、联动性、互惠性等核心发展理念与新发展理念在内容上高度契合、逻辑上相互关联，实践中相辅相成，共同统一于治国理政新理念、新思想、新战略中，统一于国家治理完善和国际秩序优化的实践中，统一于基于人类命运共同体建设的全人类福祉之中。

（一）创新：动能源头上的高度契合

资源过度消耗和环境破坏，低效供给以及产能过剩等问题已成为当前中国经济向中高端水平发展的主要障碍。在此经济发展形势下，依托创新这个第一动力、第一引擎，推动供给侧结构性改革，推动优质产能国际合作，推动中国经济适应和引领经济新常态成为必由之路。"一带一路"的提出，在国内和国际两个市场上，为落实和践行创新发展理念提供了重要平台，依托"一带一路"沿线国家的发展和市场需求对接，使国际产能合作成为可能并助推国内供给侧结构性改革取得实效，使国际市场由被动利用转向主动对接。而国内创新性发展方式的转变，新旧动能的转换，为"一带一路"的实施提供了更多的产品、技术、模式借鉴，极大夯实了实施的实践基础，确保了实施的能力再造。可以说，自创新理念是国内创新元素不断转化为现实生产力并推动"一带一路"创新实践的动力源泉。正如中央政治局第三十次集体学习时强调的那样，要"以创新的理念和创新的思维，扎扎实实做好各项工作，使沿线各国人民实实在在感受到'一带一路'给他们带来的好处。"同时，"一带一路"中的"绿色、健康、智力、和平"四大思路之一的"智力丝绸之路"更彰显了创新的活力和动能，为推进实施提供了智力支撑和智库合作。

（二）协调：目标指向上的"无缝对接"

协调理念，旨在利用国内和国际两个市场两种资源，实现国内各区域、国际各地区的协调发展，主要体现在区域协同、政策协调、发展协作上。在区域协同层面，“一带一路”将有效推动我国西部大开发向纵深发展。新疆作为丝绸之路的核心区，广西作为“一带一路”有效衔接的重要门户，广大中西部地区和边疆地区是我国区域发展的短板，推进“一带一路”有利于助推这些地区加速发展。在政策协调方面，“一带一路”建设，主要是为了促进经济要素有序自由流动、资源高效配置和市场深度融合，推动沿线各国实现经济政策协调，开展更大范围、更高水平、更深层次的区域合作，能够使我国在实现国内欠发达地区加快发展的同时，促进国际各区域、次区域的经贸往来和经济融合。作为“一带一路”五大重点任务之一的政策沟通，就是秉持政策协调的目标指向而设计并实施的。在发展协作方面，“一带一路”进一步加快东西部对口支援、西部地区承接东部地区产业转移，以及东西部经济、文化和技术等方面的互动协作；同时，“一带一路”还将在国际层面促进南南合作和南北对话，在上海合作组织、金砖国家领导人会晤、亚太经合组织、G20、亚信峰会、中欧合作、中非合作等双边和多边领域实现区域协同发展，使国内协调发展和国际均衡发展方面实现“无缝对接”。

（三）绿色：发展理念上的“知行合一”

绿色是永续发展的必要条件和人民对美好生活追求的重要体现。党的十八届五中全会提出新发展理念，其中绿色发展是指导中国生态文明建设的核心理念，也是中国对全球生态安全做出新贡献的庄严承诺。绿色发展理念已经成为国内和国际社会的广泛共识和一致选择。中国作为世界最大的发展中国家，正将绿色发展理念变成推动绿色发展的实践。无论从生态产业化到产业生态化，从《中华人民共和国环保法》修订到中央环保督查整改，从转变经济增长方式到推崇绿色 GDP 等一系列的改革举措，无不彰显中央和各级地方政府前所未有的“绿色”决心和行动。作为我国“十三五”时期新发展理念中的绿色发展理念，更是成为未来中国经济社会发展的“底色”。“一带一路”中的“绿色丝绸之路”同样彰显着中国推进生态文明建设的理念与全球生态治理中的大国担当。中国在巴黎气候变化大会上体现大国担当，顺应全球发展需要，力促《巴黎协定》生效。中国与“一带一路”沿线国家在沙漠治理、资源节约、能源合作、生态修复等方面都主张建立合作机制，共同推动“一带一路”沿线国家连接成片，充分运用好绿色要素，使整个世界都绿起来。

（四）开放：国内国际的“志同道合”

经过40年的对外开放实践，随着国内国际形势的变化，我国的对外开放格局需要有一个质的转变和型的重塑。“一带一路”尤其是“一带”起始于西部，也主要经过西部通向西亚和欧洲，这必将使得我国对外开放格局发生重大调整，从重视出口的“量”向提升开放的“质”转变，从以东部开放为主、中西部开放为辅向全方位开放格局转变，因此，习近平在庆祝中国共产党成立95周年大会的重要讲话中，再次强调了对外开放国策和“一带一路”对于中国发展的重要意义和坚定立场。推动“一带一路”不仅能够深化同周边国家的合作，为中国经济发展和转型升级拓展更大空间；还可以把广大的西部地区从开放的末梢变成开放的前沿，形成东部与西部两翼齐飞的区域开放开发新格局。此外，对内对外开放的重大平台和措施之间也是相互支撑和相辅相成的。

“一带一路”与中国自由贸易区是紧密联系的。目前我国在建的自由贸易区中，大部分生于“一带一路”沿线上，尤其是新设立的第三批自贸区中，重庆、四川和陕西三个自贸区将重点在内陆开放高地、亚欧物流通道等方面开展先行先试，必将极大促进西部开放开发进程。因此，承载着中国更深层次、更宽领域开放的自由贸易区和推进中国与“一带一路”沿线国家开展经贸往来，实现“五通”即政策沟通、设施联通、贸易畅通、资金融通、民心相通的意图更可谓是“志同道合”。

（五）共享：发展成果上的福祉普惠

共享发展充分体现了中国共产党的性质和宗旨，发展为了人民、发展依靠人民、发展成果由人民共享是党执政为民理念的崭新表述，是党和政府执政为民、服务于民的政策基点和时代命题。“十三五”时期，中国将通过增加公共服务供给实现基本公共服务均等化、打赢脱贫攻坚战、缩小收入差距、建立更加公平更可持续的社会保障制度等措施，不折不扣地落实共享发展理念。“一带一路”更是秉承“达则兼济天下”和“一花独放不是春，百花齐放春满园”的理念，准确对接沿线国家发展，回应沿线国家人民的现实诉求。正在推进的“一带一路”给沿线国家带来了实实在在、看得见摸得着的获得感，同时也将推动“一带一路”沿线国家连线成片，构建公正合理、共建共享的全球治理新秩序。

第四节 “一带一路”建设的意义

构建丝绸之路经济带和21世纪海上丝绸之路简称为“一带一路”。此构想一经提出即受到国际社会的高度重视，得到沿途各国的广泛支持，国内相关省市更是摩拳擦掌，其国际影响与意义可见一斑。近年来，我国与相关国家和地区组织以创新的合作模式，就共建“一带一路”做出巨大努力，以点带面，从线到片，全方位推进沿途国家双边和区域合作，取得可喜进展。

这一跨越时空的宏伟构想，承接古今、连接中外，赋予古老丝绸之路崭新的时代内涵，被誉为一个高瞻远瞩的构想、一条和平发展的共赢之路、一项脚踏实地的伟大事业。因为，它既传承以团结互信、平等互利、包容互鉴、合作共赢为核心的古丝绸之路精神，又顺应和平、发展、合作、共赢的21世纪时代潮流，将“中国梦”与“世界梦”进行有机衔接，具有深远的意义和全球性影响力。

一、有利于构建经济长廊

“一带一路”理念一旦变成现实，将构建起世界跨度最长、最具发展潜力的经济走廊。它涵盖约44亿人口，国内生产总值（GDP）规模逾21万亿美元，分别约占世界的63%和29%。该区域是世界经济最具活力的地区，沿途多为新兴市场与发展中国家，多数国家后发优势强劲，发展空间大，处于上升期。我国与该地区经贸合作密切，占我国外贸1/4强，近10年贸易额年均增长达到19%。在我国与沿途国家的共同努力下，“一带一路”正由构想变为现实，合作取得长足进展。尤其在交通基本建设、贸易与投资、能源与资源、金融安全、双边与区域合作等领域，都取得明显进展。

首先，通过上合组织、中国与东盟“10+1”、“金砖国家”，以及与俄罗斯、中欧、中亚、中东、南亚等国家和地区夯实双边关系，我国与沿途国家初步构建起固定或不固定的双边、区域、多边合作机制。

其次，借助“一带一路”构想，沿途国家正谋划编织以陆、海、空三位一体的立体交通大网络。被誉为现代丝绸之路的新亚欧大陆桥、贯穿中南半岛国家的中国—新加坡经济走廊，以及连通南亚半岛的孟中印缅经济走廊等，作为“一带一路”的骨干通道开始雏形初露。

再次，作为基础设施建设的金融支持，亚洲互联互通投资银行、上合组织发展基金和上合组织开发银行等融资平台正在发挥作用。

最后，以“一带一路”为依托，沿途区域种类物流中心正在建设中，各种类型的自贸园区如雨后春笋正应运而生。一张辐射“一带一路”的高标准自贸区大网络正在编织中，最终形成经济走廊沿途的生产、流通、市场规模效应。由此将大大促进区域内各国的经济繁荣、社会进步、区域安全，可谓以经促政、以政促稳、相互作用、相得益彰。

无疑，“一带一路”不仅是实现中华民族伟大复兴之构想，更是沿途国家共同繁荣之有益路径，是中国梦与世界梦的有机结合。有利于增进沿途国家关系、地缘政治稳定、经济繁荣昌盛、百姓安居乐业。故此，借助“一带一路”倡议，将优势互补转化为务实合作，真正构建起“利益共同体”和“命运共同体”。

中国对外开放以来，逐步经历了从经济特区到沿海开放城市、再到沿江沿边开放阶段，随着“一带一路”倡议的提出，对外开放进一步扩大。“一带一路”倡议作为一个互惠互利平台，其深化对外开放的作用，主要包括以下方面。

第一，国内开放区域均衡化。当前，我国对外开放度比较高的地区均分布在东部沿海地区，在过去的国际产业转移的浪潮中，东部地区优先承接了产业转移，并得到迅速发展。“一带一路”倡议的规划、实施给中西部地区带来了提高对外开放度、经济起飞的希望。“一带一路”倡议容纳了我国大部分的省市，从我国沿海主要港口出发，贯穿于东、中、西部，分别经过中亚、东盟，到达欧洲。通过国内各省的相互合作，我国与区域内国家分工合作，协调区域经济，振兴中西部地区的经济发展，为当地居民提供更多的就业岗位，促进当地社会繁荣。

第二，国际贸易伙伴多样化。近年我国与“一带一路”沿线国家的贸易额年均增长 19%。2014 年，货物贸易额达到 1.12 万亿美元，占中国货物贸易总额的 26%。“一带一路”倡议启动后，我国与“一带一路”沿线国家不断深化经贸合作，各方面建设都取得积极进展。对外贸易方面，2015 年 1 ～ 5 月，我国与沿线国家双边贸易总额 3983.8 亿美元，同比下降 9.5%，占同期我国进出口总额的 25.8%。其中，我国对沿线国家出口 2439.5 亿美元，增长 2%，占我国出口总额的 27.7%；我国自沿线国家进口 1544.3 亿美元，下降 23.2%，占我国进口总额的 23.3%。吸收外资方面，沿线国家在华设立外商投资企业 767 家，同比增长 14.31%；实际投入外资金额 29.19 亿美元，同比增长 11.59%，占全国吸收外资总额的 5.42%。对外直接投资方面，我国企业共对沿线的 48 个国家 / 地区进行了直接投资，投资额合计 48.6 亿美元，同比增长 3.7%。对外承包工程方面，我国企业在“一带一路”沿线的 59 个国家 / 地区承揽对外承包工程项目 1105 个，新签合同额 251 亿美元，占同期我国对外承包工程新签合同额的 48.6%，同比增长 19.1%。对外劳务合作方面，我国企业向沿线的 55 个国家 / 地区派出各类劳务人员 8 万人，5 月末在外人数 31.2 万人，占我国在外出各类劳务人员总数的 31.2%。随着“一带一路”倡议的深入开展，沿线国家将成为我国更为重要的贸易伙伴。

二、有利于扩大对外直接投资规模

改革开放以来，我国的外汇储备连年增长，对外资产也达到了一定规模。可以说，我国已经拥有了对外直接投资的基本实力。但是我国对外直接投资的规模比较小。截至 2014 年底，我国对外投资存量仅相当于国内生产总值的 7%，远低于美国的 36%，也低于东亚国家 21.4% 的平均水平。近两年，中国在对外直接投资方面进展比较快，这是符合发展规律的。20 世纪六七十年代，美国走上了以投资为主的发展道路，20 世纪八九十年代，日本逐渐步入国际投资大国的行列。将来，我国也面临着将巨额金融资产转变成对外直接投资的局面。

“一带一路”倡议的开启，有利于扩大中国对外直接投资规模。一方面，沿线国家在吸引外资方面有较大的缺口，根据亚洲开发银行（简称亚行）测算，未来 8～10 年，亚洲基础设施建设资金需求每年将达到 7300 亿美元。另一方面，亚洲基础设施投资银行（简称亚投行）、丝路基金等机构的设立为我国企业走出去搭建了金融平台。

三、有利于营造良好的周边环境

“一带一路”倡议提出后，得到沿线大部分国家的欢迎。伊戈尔·卢克西奇，时任黑山共和国副总理认为，这是让西巴尔干地区国家重新觅得与其他遥远国度紧密联系的机会。印度尼西亚学者李卓辉对 21 世纪海上丝绸之路倡议寄予了厚望，认为这与 600 年前郑和传递的和平信息一脉相承等。同时，亚洲基础设施投资银行也受到众多国家的热捧。2014 年 10 月份，亚洲共 21 个国家在筹建备忘录上签字，申请加入亚投行，2015 年 3 月中旬，英国不顾美国的劝阻，正式申请加入亚投行后，众多的西方国家，瑞士、挪威、法国等国家纷纷申请加入，在 3 月底，澳大利亚、韩国也赶上了加入亚投行的末班车。我们可以看到，菲律宾、澳大利亚等国家，均被中国的“一带一路”倡议所吸引。

另外，“一带一路”奉行包容性发展，共同打造开放、包容、均衡、普惠的区域经济合作架构，主张共享机遇，共享繁荣，实现合作共赢。互联互通的政策有助于防止某一个国家在发展中“掉队”。因此，“一带一路”倡议对周边国家有更大的吸引力，有利于改善我国的周边环境。

综上，“一带一路”倡议是我国今后一段时期内最重要的建设任务，通过大规模投资、技术输出等方式，带动周边国家经济起飞的同时，也必将深化我国的对外开放，加快我国资本走出去的步伐，有助于改善我国的周边环境。

第二章 “一带一路”背景下复合型外语人才的现实需求

第一节 复合型专业人才培养模式的国内外研究现状

一、复合型专业人才培养模式的国外研究现状

人本主义认为，“课程应为每个人提供自己感到满意的经验。新的人本主义者是自我实现论者，他们把课程看作可以满足生长和个性整合需要的自由解放过程”。《英国大学生创业教育》指出，英国高等教育的创业计划中将技能培养嵌入课程体系里，确保课程与职业界相关联，为未来学生就业奠定基石。麦克翁等（McKeown，Millman，Sursani，et al.，2006）对英国高校创业类课程的调查显示，近 80% 的大学本科院校开设创业类课程，所有大学在研究生阶段都开设创业类课程，证明应用型课程在课程体系中的重要性。俄罗斯学者古德科夫认为，没有俄语文化背景的非本族语者完全掌握俄语几乎不可能，但让他们常接触俄语使用形式，有利于培养语言猜测力、语言直觉和语感。在教学中巧妙融入文化因素是非常必要的。

以上学者都强调了实践类课程在培养学生能力中的重要性。在教学质量及教学方法方面，威尔（Will G. Moore，1968）在《大学导师制及其未来》指出，牛津大学的成功秘密在于关注学生个体发展，重视师生间的合作和对待知识的独特态度。理查德 • 莱特（2002）在《穿过金色光阴的哈佛人》一书中强调，对学生产生深远影响的事件 4/5 是在课外。而大多数人认为课外活动是课堂教学的补充，而美国大学的证据表明课外实践对学生影响深远。马斯洛和埃里克森都把让学生以自己的方式发展个性，最终自我实现作为教育的首要功能。俄罗斯学者卡谢耶娃（2003）的《非国立高等教育质量重在对学生和教师的评价》

和普拉克西（2003）的著作《高等教育质量》都很关注高等教育评价体系建设和教学质量。俄罗斯学者 A. N. 萨维科夫指出，要把改变教学活动的数量参数和教学内容、教学方法、组织方式等质的改变有机结合起来，同时还注意教学活动中的最大个别化。

在培养的人才质量方面，巴黎理工学校校长让•诺瓦克在世界名校校长论坛演讲指出，学校以培养胸怀开阔的、在科技发展时代应付复杂世界的人才为自豪。因此，希望给学生广阔的科学文化视野，提倡在教学大纲中保持人文科学和体育。哈佛大学校长德里克•博克提出了培养学生能力的核心目标：获取信息和知识，培养思维能力和习惯，提升心理品质、艺术理解力、判断力和价值观。1986 年他在《大学的未来：美国高等教育启示录》中重申本科教育目标：获得丰富的、有深度和广度的基础知识。深度指应集中学好一门专业；广度指要涉及几门专业。2006 年《回归大学之道》中提出了本科教育目标：表达能力、批判思维能力、道德教育、公民意识、适应多元文化和全球化素养、广泛兴趣和知识、就业准备。比早期本科教育目标更多元化了。美国著名高等教育哲学家布鲁贝克（2002）在《高等教育哲学》书中说道，要对普通教育持广阔的观点，因为人不仅为工作做好准备，还要为工作变化做好准备，普通教育和职业教育相辅相成。波波娃（2001）的《高等教育管理体系改革的问题》；扎巴列夫斯卡娅（2004）的著作《高等教育在俄罗斯：规则与现实》等都表明了高等教育改革的必要性和迫切性。美国当代著名认知心理学家杰罗姆•S. 布鲁纳的结构课程论的主要观点包括：教学目的重视发展学生的智力；课程内容强调学科的基本结构，认为学生所学的知识越基本，就越能不断地扩大和加深知识储备，未来对新知识的适应性就越宽泛。

二、复合型专业人才培养模式的国内研究现状

高校“人才培养模式”概念的提出最早见于 1983 年文育林发表的《改革人才培养模式，按学科设置专业》中，其内容是关于如何改革高等教育的人才培养模式。随着我国经济建设和外语教育事业的发展，相关研究也逐年增多，研究广度和深度不断扩展。在课程建设方面，石坚（2006）认为外语类课程设置应该把语言基本技能训练与教会学生认知、做事和做人结合起来。通过课程培养学生的理智，形成合理的知识能力结构。课程设置要考虑学生个性的积极发挥、能力的持续性发展和心灵的完善。赵文军、刘春花、胡锟（2009）以黑龙江大学为例对地方综合性大学土木工程专业人才培养方案从课程体系和专业

方向上进行了研究和分析。在专业技能课程方面韩久全、张瑞红、姚连兵（2011）等提出应适当减少听、说、读、写等训练内容，应该加强文学、文化等人文素养培养，并对文化知识在教学中的渗透提出了很多积极的建议。蔡勤（2011）认为，对于社会需求量较大的翻译、商贸、电商等专门性外语人才也应加强培养，以期符合社会对不同外语专业人才的需要。

陈坚林、顾世民（2011）认为大学外语的课程设置是实施通识教育的重要途径，强调课程的重要性和不可替代性。在教学质量及教学方法方面，戴炜栋、张雪梅（2007）在《对我国英语专业本科教学的反思》中指出对教学质量和教学管理的监管和提高影响着本科教学的成与败，培养的人才应该具备专业知识、语言基本技能、学科素养等多方面的综合能力。江书平（2012）在自己发表的文章中指出，本科外语专业人才培养模式改革主要是教育意识和教学方法的改革，人才培养方向应该是定位型、创新化和复合型培养。孙有中、李莉文（2011）还指出了国外的专门用途外语（ESP）和内容依托教学（Content Based Instruction，CBI ）等理念可为我国外语专业教学改革的方向提供启示和参考。

在外语教学与市场需求分析方面，侯慧权、郑仰成、张缓缓、韩高军（2011）都建议以市场为导向，根据社会发展需求培养人才，尤其要立足地方经济发展，培养适应性强、有创新精神的应用型人才。李芳、徐明（2008）在文章中探讨了黑龙江省高校应如何处理好与政府、社会市场间的关系，如何培养满足社会需求的高级人才，率先实现了俄语人才培养的战略升级。戴炜栋（2013）强调，外语专业具有人文学科性，在需求分析基础上考虑区域性、传统性和合理性。从专业评估、教学大纲、教学质量标准、人才培养、课程设置、教材建设和教师教育等方面阐述了发展对策。沈燕（2013）在《如何培养时代需要的应用型外语人才》中从时代对人才需求与现有人才之间的矛盾入手，分析了当前外语专业培养模式的不足，并从课程设置、教学模式、师资及评价体系出发探讨外语专业如何改革，培养时代需要的应用型人才。程晓堂（2013）在《也谈高校外语专业何去何从的问题》分析了导致高校外语专业毕业生就业难的原因，然后结合这些原因探讨了外语专业的学科定位、人才培养目标和规格、人才培养质量及社会对外语人才的需求等问题。

在目前我国外语人才培养的现状和发展方向方面，陈坚林（2000）在著作中提出，我国外语教学亟待解决哑巴外语、费时多而收效低的实际问题。束定芳（2004）指出我国外语教学存在问题：理论研究薄弱、师资水平有限、应试倾向明显、教学形式和方法缺乏创新、学生学习态度不积极、学习不得法、外语教学理论研究和实践上有误区等。束定芳、陈素燕（2010）总结我国大学外语教学存在如下问题：教学定位和目标不明确；缺少需求分析；课程设计不科学；传统的课堂教学存在弊端；师资队伍不适应新要求；教学资源不能满足学生需求；学生学习态度、方法和动机欠佳；教学评估缺乏科学性。文秋芳、徐浩（2013）认为，高校外语专业的发展方向是国际化视野结合国内外经验建设精品课程，其学科定位是，人文性和工具性，平衡语言和文化内涵。

在专业人才培养的目标和社会发展的需求方面，石火学（1995）指出斯坦福大学将其培养目标确定为：使学生在校期间须为未来的职业做准备，造就有文化教养和实用价值的人。佟晓梅（2010）认为，发展应用性教育、建设应用型大学、培养应用型人才已经成为高教改革的重要内容。庄智象、韩天霖（2011）等认为，人才是社会、经济发展的第一资源，是社会进步、国家兴盛的重要推动力，为更好发挥人才的作用，人才培养规格要符合社会发展需求。高向杰（2013）认为，高校外语教育改革，应以区域经济社会发展和产业结构为导向。

在我国，外语教学法经历了以翻译法、直接法、听说法、认知法、交际法为里程碑的五个重要发展阶段。前四种教学法都以传授语言知识和培训语言技能为目的，虽然外语教材和教学过程都充满了影响语言学习的文化因素，但没引起外语教师和研究者的注意。直到语言交际能力理论提出，交际教学法产生，外语教学界学者的视域豁然开朗，他们很快意识到了语言教学中文化因素的重要性。从此，文化研究、文化差异研究、跨文化外语教学研究很快开展起来。翻译法用于教授拉丁语有近千年的历史，直接法是完全针对语法翻译法的弊端提出的，它是19世纪下半叶始于西欧的外语教学改革运动的产物。20世纪50年代末，乔姆斯基的转换生成语言学提出了关于语言能力和语言运用的理论，并对以结构主义语言学和行为主义心理学为理论基础的听说法进行了批判。他认为人类具有掌握语言的内在天赋，人脑先天具有一种习得语言的机制和天生的语言能力。

语言是人的内心存在的一种潜在结构，它能创造出人们从未接触过的无穷无尽的句子来表达思想，而这么多的句子都是按一套语言规则生成的。社会语言学家海姆斯在乔姆斯基语言能力和语言运用理论的基础上提出了语言交际能力的概念。从此社会语言学、心理语言学把语言看作一种交际手段；把言语行为和言语活动看作满足人们交际的需要；把使用语言的能力看作一种交际能力；把交际功能看作语言功能的主要标志；把外语教学的目标确定为在真实情景中使用语言，通过实践掌握外语，从而培养学生的外语交际能力。社会语言学认为语言是一种社会现象，是人们用以交流思想的交际工具；语言结构和语言使用与社会有关，所以研究掌握语义比掌握语言结构更为重要。

皮亚杰等的认知心理学家强调思维的创造力在学习中的作用。这一切又开始动摇了听说法的理论基础。在外语教学实践中听说法的弱点就在于它只注重语言形式和句型结构，而忽略言语活动的交际情景或上下文，进行单调、枯燥的机械操练。随着听说法的失势，以转换生成语法、社会语言学、心理语言学、神经心理学等理论为依据的与听说法针锋相对的各种教学法流派，像雨后春笋，相继破土而出。诸如以情景为中心，把语言作为整体结构进行听说活动，声音和形象相结合的视听法；通过认知语言规律创造句子，培养交际能力的认知法；以功能、意念为纲的功能法；利用实物、图片等直观手段，增强学生的言语实践，减少教师讲解活动的沉默法；以学生为中心，重视小组活动，教师当顾问的咨询法；以音乐陶冶的暗示法；听、说、读、写并重，在情景中进行教学的统整法；以身体动作协助听说的全身法以及吸取各家所长的所谓折中法；等等。

总之，现代外语教学法流派不下 20 种。本节主要阐述外语教学法史上，且在欧美和国内的外语教学界影响较大的五种主流教学法流派：翻译法（语法翻译法）、直接法、听说法、认知法和交际法（功能法）。

（一）翻译法

在外语教学中运用翻译方法作为教学手段的历史不下千年，但学者把这种方法提升到理论高度整理成一种系统、科学的教学法体系只是过去一个世纪的事情。翻译法最早是教授希腊语、拉丁语等死语言的教学法。希腊语和拉丁语这两种古老的语言对欧洲文明产生了深远的影响。直到中世纪，欧洲的教会和学校仍然使用拉丁语，国际交流使用拉丁语，文人著书立说使用拉丁语。几百年以后西欧各国新的民族语言逐渐形成，拉丁语不再辉煌，人们学习希腊语和拉丁语只是为了阅读古代文学作品和科学书籍。后来，各学校教授希腊语和拉丁语的方法就是翻译法。

到十八九世纪，英、法等国家成为欧洲列强，其语言在欧洲流行起来。其他国家的很多学校和教育机构开设外语和法语课程。但在当时的历史条件下，语言学和应用语言学还不成熟，人们无法找到一套有效的方法教授这些外语，但人们凭直觉认为，活语言和死语言之间有一定的共同教学规律，特别是在培养阅读能力方面。所以作为权宜之计，各学校只好借用教授拉丁语和古希腊语的教学方法——翻译法。

作为第一种外语教学方法，翻译法在其发展过程中由于命名的立足点不同，有各种不同名称。根据在外语教学中运用翻译定名为翻译法；根据以语法为语言教学的基础定名为语法法；根据翻译法倡导者的姓氏定名为奥朗多弗氏法；由于语法翻译法继承了拉丁语教学的传统，定名为传统法；为了与重视口、耳训练的新教学法相区别，翻译法还称为古典法、旧式法。

翻译法虽然别名很多，称谓各异，但其内涵一样。在外语教学过程中，翻译法同时使用母语和外语作为课堂语言来教授外语，其基本教学原则是逐词直译课文内容，讲解并巩固语法、词汇知识。翻译法是总的名称，根据其教学侧重点不同，它可具体分为下列四种方法：语法翻译法、词汇翻译法、翻译比较法和近代翻译法。

1. 语法翻译法

语法翻译法认为学习外语首要的是语法。因为学习语法既有助于理解、翻译外语，又有助于磨炼智慧、培养学生逻辑思维能力。代表人物是德国语言学家奥朗多弗。他主张学外语先要背熟语法规则和例句。然后通过翻译练习巩固语法规则。他认为只有在理解语法的基础上才能阅读、翻译外语原文。为了贯彻语法是外语教学的基础这项外语教学原则，在学完字母的发音和书写之后，开设系统的语法课。学完系统语法之后，进行阅读原文的训练。语法课的教学安排如下：先讲词法，后讲句法；揭示语法规则的主要途径是演绎，即先讲授语法规则，后举例句并译成母语；用把母语句子译成外语的方法巩固所授语法规则。

2. 词汇翻译法

词汇翻译法主张利用内容连贯的课文进行语意分析和翻译的方法教授外语。这个方法同语法翻译法一样，都以培养阅读能力为教学目的。这个方法的主要代表人物是法国的外语教师雅科托和英国的教育家哈米尔顿。前者是词汇翻译法的理论家，后者是词汇翻译法的实践家。他们反对孤立地学习抽象语法，主张通过课文的阅读和翻译学习词汇和语法。

词汇翻译法要求学生对课文的语言材料进行细致的分析，并进行母语与外语的对比，从而达到对课文的深入理解。词汇翻译法根据从已知到未知的教学原则把母语看成教授外语的基础，把翻译看成讲解和巩固外语的手段。词汇翻译法不仅主张逐词直译，还主张标准翻译。

词汇翻译法虽然提出了一些较为先进的外语教学法思想，比语法翻译法前进了一大步，但由于课文语言材料过于庞杂，再加上语法规则的安排很随意，在课文中遇到什么语法规则就讲什么语法规则，学生很难理解所学语言材料，只好死记硬背。这种机械的学习，效率低，很难提高学生的阅读能力。

3. 翻译比较法

翻译比较法是德国著名的外语教学法家马盖尔最早倡导的。他在翻译法的基础上提出了一些新的外语教学法原则。他认为在外语教学中应该进行母语和目的语的系统对比，然后在此基础上进行翻译。此外，马盖尔还特别重视语法讲授的连贯性和词源知识的讲解。他也非常重视观察、分析、综合、归纳、演绎等思维活动在外语学习中的作用。他认为这些思维活动是学生掌握外语的第一步。

马盖尔主张语言知识必须与语言熟巧密切结合。他认为教给学生的语言知识不能超过他们能在语言实践中运用的范围。他主张通过实践来理解语言材料，由实践到理论，实践要多于理论知识。由于马盖尔强调语言的熟巧和实践，所以他非常重视背诵。他认为背诵能使学生熟记大量语言材料，有助于提高学生运用语言的熟巧度。马盖尔还提出了在外语教学中将词汇、语法、课文相结合的教学原则。他主张学习课文必须注重语法和词汇，而学习语法和词汇必须有助于理解和掌握课文。

马盖尔只提出了一些先进的教学法思想和原则性的主张，但没有设计出实现这些思想和原则的具体办法，且脱离了当时的教学实际，因而他倡导的翻译比较法没有在外语教学界得到广泛的运用和传播。但他提出的那些教学原则对外语教学法的发展起了积极的作用。

4. 近代翻译法

近代翻译法可以看作一种相对发展成熟的翻译法。翻译法经历了漫长的发展和变化的过程。直到 20 世纪中叶，翻译法教学实践者已经积累了丰富的经验并提出了系统的理论。有的国家将近代翻译法称为译读法，也有的仍然沿用语法翻译法的称呼，我国就是如此。

近代翻译法的教学原则有四项：语音、语法、词汇教学相结合；阅读领先，着重培养阅读与翻译能力，兼顾听说训练；以语法为主，在语法理论指导下读译课文；依靠母语，把翻译既当成教学手段，又当作教学目的。

近代翻译法的课堂教学一般分为四个步骤：译述大意；讲解语言材料，对课文进行语言分析并进行逐词、逐句翻译；切合原意的翻译；直接阅读和直接理解外语课文。

翻译法和后来其他教学法流派一样，也经历了一个形成和发展过程。它从古典的语法翻译法和词汇翻译法发展到近代的翻译法。这个发展过程的实质是翻译法从幼稚时期到成熟时期，从不断克服缺点到逐渐完善的过程。语法翻译法和词汇翻译法是古典的翻译法，也是外语教学的原始方法。没有古典的翻译法就没有以后各种外语教学法的产生和发展。总体来说，翻译法是现代外语教学法的幼年时期，它的教学思想、教学原则和教学过程还不成熟，其培养的人才外语口头表达差，缺乏跨文化交际能力。

（二）直接法

直接法是继翻译法之后产生的最有影响的外语教学法流派之一。《朗文语言教学及应用语言学辞典》对直接法是这样定义的：直接法是外语或第二语言教学的一种方法，具有以下特点：课堂上只使用目的语，意思应该通过将语言和动作、物体、模仿、手势及情景结合起来直接表达出来；读、写应该在说之后教。语法应该只用归纳的方法教，即不应该向学生教语法。直接法在19世纪末提出，用于反对语法翻译法。

第一次使用直接法这一术语的，是法国教育部的一个文件。直接法的称谓繁多：如改革法、反语法翻译法、现代法、口授法、自然法、归纳法、心理法等。但比起众多的其他名称，直接法更能反映这个流派的特点，所以这一名称得到了广泛的采用。

直接法的产生正是19世纪下半叶欧美各国的资本主义蓬勃发展时期。各国之间的商务交流日益频繁，移民现象频繁，并发展成了一种国际现象。这种发展彻底打破了各国封建时代闭关自守的藩篱，使各国之间的关系都变得极为紧密，互相依赖。生产力的快速发展，导致了商品的丰富，促进了跨国商品的交换。另外，各国为了在竞争中处于有利地位，必须优先发展科学技术，并以最快的速度直接吸取别国的一切科技成果。在这种情况下，外语不再是学校一门锤炼心智、提高素养的课程，而变成一种社会实际需要。在各种形式的交际方式中，口语是最常用、最直接、最快捷的交际方式，也是国际交流的第一需要。

时代对外语教学提出了新的要求，语法翻译法不能满足国际交流的需要。这种尖锐的矛盾是直接法产生的社会原因。语法翻译法原本是教授欧洲贵族子弟学习古典语言（即古希腊文、古拉丁文）的一种古老方法。后来，学校开设现代外语课，也沿用这套方法。由于过去的学校开设希腊文、拉丁文课程是把教育教养目的放在第一位，而不讲究实用目的，所以语法翻译法基本上还能满足这种需要。但是，活语言毕竟不同于死文字。现代外语有自己独特的教学规律。而语法翻译法却没有反映这些规律，在某些方面甚至还背道而驰。它暴露的缺点有两个：其一，它强调繁杂语言规则的死记硬背，使外语学习变得极其困难，学生负担过重；其二，它不能有效地培养口语能力。

语法翻译法既不把口语训练作为一项主要的教学手段，更没有把掌握口语作为教学的主要目的，所以它不能适应新的社会要求了，它必须进行彻底改革。社会需要大量的口语交际能力很强的外语人才。直接法作为新式法的产生，一是为满足社会需要，二是为从根本上克服语法翻译法的弱点。到了19世纪末期，新方法的产生既有客观的必要性，也有了现实的可能性，因为语言学、心理学、教育学的研究成果，为直接法的产生提供了理论基础。当时在语言学理论方面较为有影响的代表人物是新语法流派的青年语法家保罗，他的著作《语言历史诸原则》对直接法产生了重大影响。他在书中提出的类比概念强调了母语习得与外语学习之间的类比性和相似性，为直接法的核心原则——模仿、替换、重复等原则提供了语言学理论依据。德国著名心理学家冯特发表了著作《民族心理学》。他在书中提出的一些语言心理中关于思维和感觉的理论直接或间接地导致了直接法的以口语为基础、以模仿为主的外语教学法主张。

在教育学领域，夸美纽斯、卢梭、裴斯泰洛齐、第斯多惠等著名教育家提出了教育适应自然的教育思想。夸美纽斯独立提出了一系列的经典教学基本原则，如直观性原则、由易到难原则、由近及远原则、由简到繁原则、由已知到未知原则、由具体到抽象原则、由事实到结论原则等。这些教育学家的思想和原则为直接法的基本原理的形成提供了依据。

19世纪80年代，在德国、法国等主要资本主义国家兴起的声势浩大的外语教学改革运动席卷了欧美各国外语教学界，且持续了半个世纪之久。在此期间，外语教学界学术思想活跃，研究直接法的学术团体和刊物纷纷出现，犹如雨后春笋。

直接法学派先后举行了六次国际性学术讨论会，受到许多国家教育当局的重视。德国、法国、俄国、日本等一些国家曾把它当作为法定的教学法。直接法教材的代表作包括：贝力子编写的《贝力子法外语课本》、恩迪考特编写的《直接法外语读本》、韦斯特编写的《新法外语读本》、理查兹和吉布森编写的《看图学外语》和艾克斯利编写的《基础外语》。

直接法的主要教学原则是由幼儿学语类比成人学外语而派生出来的。所谓幼儿学语是指幼儿自然习得母语的基本过程，即幼儿学习母语，时间短，效率高，发音纯正，说话自然，学起来轻松愉快。直接法家观察到，用古法翻译法教学生外语，虽费九牛二虎之力，但收效甚微，特别是在口语方面。他们认为这是因为语法翻译法违反了幼儿学语的自然规律，所以教学失败。因此他们确信按幼儿学语的规律教成人外语，效果一定很好。直接法的主要教学原则如下。

1. 直接联系原则

作为教学的输入，课堂上教授的每个外语词语都应当与它所代表的事物或表示的意义直接联系起来。在所教词语与事物或意义之间不应有母语介入，以避免母语干扰。甚至利用翻译作为教学手段也不允许，因为采用翻译这个教学手段来做中介会助长学生依赖心译的不良习惯，影响实际言语交际的速度。直接联系原则是排除母语对掌握外语的干扰的有效手段，同时还有利于培养学生目的语的思维能力。

2. 句本位原则

当时的语言学家从幼儿习得母语过程了解到，语言是整句地来学的，而不是先孤立地学会单音、字母、单词、语法才去拼凑话语的。因此，教外语也应当以句子为单位，整句学、整句用。学生学会了一定数量的句子后，就按类比、替换方式构造新的句子，以满足交际的需要。

3. 以模仿为主原则

幼儿学语，是模仿周围的人说话，慢慢习得母语的。语法规则不是教的，而是自己总结归纳出来的。因此，外语教学也应以模仿多练为主，语言知识在教学中应放在次要的地位。

4. 语法归纳教学原则

幼儿学语的顺序是上学前学会说话，上学后学会识字和文法规则。由此得出的教学法结论：首先应让学生广泛接触语言材料，然后再教他们语法规则。幼儿学语，同时也学到了母语的语法结构而不是书本上的文法规则。这种结构是语言的基础或骨架。因此，直接法家认为学习外语，就要把相当大的力气用在外语语法结构的实际掌握上而不是死记文法规则。编得好的直接法教材中，编者对语法结构的各个项目做了精心安排。不少课本只突出一两个要求学生实际掌握的语法结构重点。

5. 以口语为基础原则

幼儿学语，都是从学说话开始的。学习识字和书写，那是入学以后的事。学习口语是学习书面语的基础。由此而得出的教学法结论是：学习外语应从口语开始，而不是从书写和文法入手。直接法家一致认为入门阶段的教学应以口语为主。

6. 以当代通用语言为教材基本内容的原则

幼儿所学语言，都是他那个时代通用的语言，是鲜活的口语而不是晦涩的书面语言，也不是过了时的死语言。因此，直接法主张教授外语也应当以当代的通用语言，即活语言为教材基本内容，而反对语法翻译法的以古典文学作品为教材基本内容。幼儿所学语言只是有限的语言材料，如有限的音素和语调，常用的单词，成语和语法结构。他们只需学会这些有限的东西，就能进行交际。从这一认识出发，直接法家主张外语教材的内容应该是精选的、最常用的单词、句式和篇章结构，而学生的任务就是掌握这些精选的语言材料。

在外语教学法史上直接法功不可没。直接法的产生使外语教学法科学进入百家争鸣且学术思想空前活跃的新时期。直接法的出现，给古典语法翻译树立了一个对立面。直接法对古典语法翻译法的弊端的抨击，促使后者不断采取措施来改进自身的弱点，从而推动了语法翻译法的进步和现代化。直接法家在教授活语言，特别是在培养口语能力方面，取得了显著的成绩。直接法家重语音教学，这一事实，是推进理论语音学发展的动力之一。直接法作为改革法，为以后的听说法、视听法、功能法、自觉实践法等改革法流派开了先河。

当然直接法也有其不足之处，一般公认的有六点：在外语教学中偏重经验、忽略人的自觉性；消极看待母语在外语教学中的作用；夸大了幼儿习得母语和成人学习外语之间的相似性，忽略了二者之间的差异；偏重学生的语言掌握，而忽略学生的智力发展；偏重学生口语提高，忽略了学生的文学修养；外语教学忽略文化因素，学生欠缺跨文化交际能力。

（三）听说法

听说法是 20 世纪 50 年代产生于美国，随后流行于欧美的外语或第二语言教学的一种方法。这种教学法强调先教听说，后教读写；运用对话和操练；反对课堂上使用母语；常利用对比分析。

听说法和口语法的区别在于前者指教授本国人学习外语的教学方法；而后者则指教授外国人学习本族语的方法。教学法家和语言教师还给听说法起了一些别名。例如，由于听说法以结构主义语言学为理论基础，它被称为结构法。

听说法是在第二次世界大战时期的产物。美国在战前奉行的语言孤立主义政策导致其外语教学极为落后。教育当局不重视外语，对学校没有提出明确的外语教学要求；即使有少数学校开设外语，开设的语种也少，且学习的时间短；外语教学的目标是培养阅读能力，课堂教学重阅读轻口语；教学方法古板，所有外语课堂一律采用语法翻译法，教师把大部分时间花在讲解语法和把外语译成母语的练习上。美国的语言孤立主义导致了外语人才的严重缺乏。

课堂采用听说法教学。高等学校和外语培训机构按教学法专家为听说法制定的原理和原则进行外语教学实践，积累了丰富的教学经验和数据，使听说法日趋成熟。由于听说法在“二战”时期为美军的外语培训做出了卓越贡献，而且展示了翻译法和直接法不具备的许多优点，战后不少语言培训机构和学校尝试着把听说法这一战时的外语教学法运用到学校日常外语教学中，均取得了好成绩。在这些实践经验的基础上，许多学术团体和语言教学研究机构纷纷举行学术研讨会，研讨听说法的理论与实践问题。通过一系列的研讨会，大家对外语教学达成了共识，即逐渐放弃老旧的语法翻译法，广泛采用听说法。从此听说法在理论和实践方面均有很大发展，并很快传到欧洲和世界其他地区。

1. 听说法的理论基础

听说法是继翻译法和直接法以后，第一个具备系统理论基础的外语教学法。其语言学理论基础是美国结构主义语言学，其心理学基础是行为主义心理学。

美国结构主义语言学家最初是研究没有文字的印第安人的口头语言的。他们的研究方法与传统语言学是根本不同的。他们如实地记录了印第安人口头讲的话，然后进行客观的描写和分析，因此也称结构主义语言学为描写语言学。在他们看来，口语是语言最重要的形式之一，语言学习应以口语为主。学习口语应该是学习目的国当地人所说的话，而不是课本里规定的该说的标准语句。口语教材的语料应该是操该种语言当地人所说的话，而担任外语教师的也应当是操该种语言的当地人。

以布龙菲尔德和弗里斯为代表的美国结构主义语言学家为听说法的创立和推广做出了重要贡献。布龙菲尔德的《语言论》，作为结构主义语言学的代表之作，为听说法提供了语言理论依据。《语言论》一书中阐述的一些理论在以后美国的外语教学中得到进一步的发展。而弗里斯则是对外语教学理论与实践进行直接而又实际的研究。其他结构主义语言学家多半是在研究结构主义语言理论涉及的外语教学问题，而弗里斯则不然，他的主要活动是研究如何把结构主义语言学运用到外语教学实际中去的问题。他写的著作包括《作为外语的外语教学》《外语结构》《口语法》等。

行为主义心理学的创始人是华生。他通过对人和动物的行为进行研究发现了一个共同规律——刺激和反应，并提出了著名的行为主义心理学的公式——刺激—反应。斯金纳在华生的行为主义理论基础上发展了新行为主义。他在对动物和人类的学习行为进行了研究之后，把学习过程归结为：刺激—反应—强化。他得出的结论是，在教学过程中，对学习者的某种行为进行积极强化可让学生形成一定的习惯。听说法就是以新行为主义作为其心理学的理论基础的。

结构主义语言学家相信语言是高度结构化的体系，人们将母语掌握到高度自动化的程度，他们与人交际时，并没意识到自己话语中的语言结构（语音、词汇、语法），任何结构都是脱口而出的。所以听说法的倡导者认为：学习外语也应当让学生学会不自觉地运用所学外语的语言结构，能把所学外语的语音、词汇、语法变成新的语言习惯。而新习惯的形成，也像学习母语那样，需要持久模仿、反复操练、大量实践。

2. 听说法的教学原则

到 20 世纪 60 年代，听说法的教学理论已经基本系统化。美国结构主义语言学家从各种不同角度对听说法进行了总结。其基本教学原则可归纳为以下几点。

（1）听说训练优先

语言是由声音和文字组成的系统。听说与声音有关，读写与文字有关。文字是记录声音的符号。由此可见，口语是第一性的，文字是第二性的。听说训练好了，有利于读写能力培养。因此，外语教学的顺序应当是先听说，后读写。课堂教学的大部分时间应该放在听说练习上。

（2）反复实践直到形成习惯

结构主义语言学家和行为主义心理学家认为，语言的习得过程就是强化人的行为和培养人的语言习惯的过程。学习一门外语，同习得母语一样，要靠大量的模仿练习，要靠反复实践，养成一套新的语言习惯。

（3）以句型为中心

结构主义语言学家认为语言结构层次虽然复杂，但人们交流时，语言基本的结构还是句型。所以外语教学的内容应该以句型为基础。无论是语言材料的选择，还是语言技能的训练都要以句型为中心。

（4）排斥或限制母语

结构主义语言学家反对外语教学中使用母语表述，特别是借助翻译手段讲解词义。在他们看来，翻译是涉及两种语言的特殊心理活动，在翻译过程中，在学生的头脑里总是和两种语言打交道，母语容易对外语造成干扰。因此他们主张借助上下文用所学外语直接释义，排斥或限制母语。

（5）对比语言结构，确定教学难点

结构主义语言学的特点在于对语言进行系统的描写分析。结构主义语言学家主张外语教学中应该进行两个方面的语言结构的对比分析。外语教师一方面应将母语结构与目的语结构进行对比分析，另一方面应将目的语内部结构进行对比分析。外语学习者容易用母语结构代替目的语的语言结构，造成语言负迁移。因此，对比语言结构，确定教学难点是非常必要的。

（6）及时纠正语言错误，培养正确的语言习惯

结构主义语言学家认为外语学习是一种刺激—反应过程，也就是养成一种新的语言习惯。教师只有对学生进行正确的刺激，才能保证他们做出正确的反应。因此，在指导学生模仿、操练的过程中，对他们出现的任何错误应及时纠正，以使他们养成正确的外语习惯。

（7）广泛利用现代化教育技术手段

在外语教学中广泛利用电影、录音、幻灯片等现代技术手段，并根据刺激—反应—强化公式制定完整的电化教学体系。

3. 听说法的教学过程

听说法是一个较为严谨的外语教学法体系，其教学理念和原则总是能够体现在教学过程中。听说法家从不同角度论述了教学过程。他们对教学过程的看法各不相同。美国布朗大学教授特瓦德尔对教学过程进行了科学的解析和整理，认定教学过程分五个步骤。他的学说已被听说法家和教师所接受。听说法教学过程的五个步骤如下：

（1）认知

教师借助实物、模型、图片等辅助手段，向学生发出语言信号，使学生把

接收到的语言信号和实物联系起来，即把言语和它所表示的意思联系起来。

（2）模仿

在外语教学的初期，教师的主要作用是反复示范，学生的主要任务是准确模仿。由于在初学阶段学生鉴别能力差，教师对学生出错应保持高度敏感性，发现错误，立即纠正。

（3）重复

为了使学生准确地记住所学的语言材料，教师要让学生不断地重复操练，反复模仿，直到能背诵为止。

（4）变换

做过模仿记忆练习之后，学生可能已记住了所学的语言材料，但不会活用。为了培养学生活用的能力，首先要做变换句子结构的练习。

（5）选择

让学生从已学过的语言材料中挑选出一些单词、短语和句型，用来描述特定的场面、情景或叙述一个事件。这类练习能培养学生的语言综合运用能力。

以上只是听说法的五个基本教学步骤，教师可根据学生和教材的实际情况灵活运用，不应绝对化。听说法是历史的产物，其历史功绩是培养了大批掌握外语口语的人才，满足了当时社会的需要。听说法在教学实践中取得的良好效果给世界外语教学带来了深刻的变化。20 世纪 60 年代是听说法发展的全盛时期，在世界上享有盛誉，一时间成了外语教学界占支配地位的一种外语教学法。

当然听说法并非十全十美，它也存在缺陷：过分重视机械性操练和死记硬背，忽视语言能力和交际能力的培养；过分重视语言的结构形式，忽视语言的内容与意义；过分重视口语，轻视笔头语言；忽略文化因素，导致学生缺乏社会文化能力和跨文化交际能力。

到了 60 年代的后期乔姆斯基的转换生成语言学和皮亚杰、卡鲁尔的认知心理学已成为语言学和心理学界颇有影响的学派。社会语言学的出现也使外语教学别开生面。这些理论是对结构主义语言学和行为主义心理学的挑战。此时听说法开始受到抨击和挑战。不久，应用语言学家探索出来一系列新的外语教学法，如认知法、交际法等。

（四）认知法

认知法是把认知心理学的理论运用于外语教学的一种方法体系。语言教学法专家也将认知法称作认知—符号法或认知—符号学习理论。认知教学法提倡在外语教学中教师应设法让学生的智力发挥作用，重视学生对语言规则的理解，培养学生语言综合运用能力。外语教学界称其为经过改革的现代版语法翻译法。

认知这个术语来自学习心理学。要想了解认知法的确切含义，有必要对认知心理学做些必要的解释。学习理论最初分为两大派。一派是联结说，一派是领悟说或称为格式塔。到了20世纪60年代，前者发展成行为主义，后者发展成认知学习理论。认知学习理论是作为刺激—反应学习理论的对立面而出现的。认知一词最早是承认父子关系的法律用语，后来又用于哲学，表示认识的意思。它用于心理学意义却完全不同，具有独特的含义。心理学的认知概念就是知道的意思，而知道则有感觉、知觉、记忆、想象，构成概念、判断、推理等意义。

认知心理学研究与知道有关的系列问题。其中涉及学习的问题主要有三个：其一，什么是知识的性质；其二，知识是如何获得的；其三，知识是如何运用于创造性活动的。对这些问题进行研究的结果和结论就是认知学习理论。认知心理学家重视智力活动在获得知识过程中的积极作用。这些智力活动包括感知、理解、逻辑思维等。当语言教学法专家把认知心理学的理论用于外语教学时，这种外语教学法被称为认知法。

1. 认知法产生的背景

20世纪60年代西方经济和科学技术发展迅速，国际文化交流日益频繁，各国对外语人才的数量和质量提出了更高要求。在欧美流行一时以培养口语能力为主的听说法开始暴露出各种缺陷，其培养的外语人才弱点尽显。听说法在理论和实践方面受到抨击和挑战。

教学实践证明，听说法确实存在着不少缺陷。到了20世纪60年代中叶学者一致认为听说法已不适应这种新的国际形势，要求用新方法代替听说法的呼声震响世界外语教学界。因此，研究新的教学法成为外语教学界迫在眉睫的任务。一时间，许多教育学家、心理学家、语言学家纷纷投入外语教学法的探索与研究中。其中最有影响的学者是美国著名的心理学家卡鲁尔。他在发表的《语法翻译法的现代形式》一文中首先提出了外语教学的认知法。从此认知法作为一个新的语言教学法流派开始受到教育界的广泛重视，并流行起来。卡鲁尔反对听说法，极力主张采用认知—符号学习理论取代行为主义的刺激—反应学习理论，以纠正听说法教学体系的缺点。

2. 认知法的理论基础

20世纪60年代欧美教育学、心理学、语言学等学科都有很大的发展，各种学派相继出现。这些基础理论学科的发展必然推动应用学科的发展。作为应用学科和外语教学法的一个新流派，认知法自然从上述学科中吸取对自己有益的理论。可以说，认知法的出现不是偶然的，而是有其坚实的理论基础的。

20 世纪 60 年代初，在美国政府的支持下，著名教育学家和心理学家布鲁纳发起并领导了美国的教育改革运动。他在《课程论》《教学论》等著作中提出的基本结构理论和发现法对外语教学产生了深刻的影响。布鲁纳指出，不论什么学科，在教学过程中教师务必使学生掌握学科的基本结构（概念、基本原理、规则）。他认为掌握基本结构对教学大有好处：使学生更容易理解本学科全部内容，有助于将所学知识长期保持在记忆中，有利于跨学科的学习。

布鲁纳的发现学习理论体现了教学以学习者为中心的理念。课堂上，教师的角色发生了很大变化，从主角变为配角。

布鲁纳认为，教学不再是由教师给学生灌输知识，而应由教师引导学生通过观察、分析、归纳等逻辑思维活动获取知识，以激发学生的知识兴趣和学习动机，并培养他们独立思考和解决问题的能力。

瑞士认知心理学家皮亚杰提出的发生认识论动摇了行为主义的刺激—反应学习理论。皮亚杰的学说主要涉及知识的形成和发展原理。皮亚杰认为，学习知识的活动是一种智慧活动，而智慧活动都具有认知结构。他修正了行为主义心理学的刺激—反应—公式，提出了著名的公式，即刺激被个体同化于认知结构之中，然后做出反应。发生认识论肯定了人的智慧，并断定人的行为是受认知结构支配的。另一位著名心理学家奥斯贝尔提出了有意义的学习的理论。奥斯贝尔认为有两种学习方式：一种是机械性的学习；另一种是有意义的学习。

机械性的学习是一种缺乏语境、缺乏理解的学习，其特点是学生不理解所学内容，单靠死记硬背记忆知识。而有意义的学习则是在理解基础上的学习，即认知学习，其特点是学生理解特定学科的基本概念和规则并了解它们内在的联系。机械的死记硬背与有意义学习的区别不在于记忆的开始阶段，而在于记忆保持时间的长短上。举一个电话号码的例子。人们一般能够很快地记住一个电话号码，但由于孤立地死记硬背，再加上干扰因素的影响打完电话后很快就会忘记。然而如把电话号码放在一定结构中和城市、地区、街道的编号联系起来，不但记得快，还能长时间保持在记忆中。

这一举例对外语教学的启示是，教师应指导学生进行有意义的操练和交际活动。奥斯贝尔的有意义的学习理论对外语言学习具有指导意义。20 世纪 60 年代中期语言学研究的突破将外语教学分成了两大截然不同的学派。前期的听说法认为语言是一种习惯体系，语言学习是刺激—反应的过程；后期的认知法认为语言是一种受规则支配的体系，语言学习是以规则为基础的创造过程。听说法属于经验主义，认知法属于唯理主义。

美国著名语言学家乔姆斯基的转换生成语法在美国和世界各地引起了轰动，被称为乔姆斯基革命。他提出的语言习得机制、语言能力、语言行为、语言普遍现象等理论被认为是语言学研究的突破，为当时的外语教学改革提供了理论依据，为外语教学的认知法提供了科学的语言理论基础。乔姆斯基认为任何语言都是受规则支配的体系；语言规则是有限的，但具有强大的生成能力；这些规则能推导、转换、生成句子；人类学习语言是创造性活用过程，而绝非机械模仿、记忆的过程。因此，外语教学的成功在于帮助学生掌握语言规则，并按有限的规则产生和理解无限的句子。掌握语言规则的途径一是发现，二是创造性活用。发现规则虽然是基础，但是重要的是培养学生具有创造性地应用规则的能力。从直接法到听说法都主张像幼儿学习本族语那样无意识地学习外语。而认知法与之针锋相对，主张有意识地学习。作为交流思想工具的语言，除形式方面之外，还有语意方面，因而认知法不仅注意语意的学习，也注意语意的操练。

3. 认知法的基本原则

认知法依据的是教育学、心理学、语言学的最新研究成果；关注的是成年人在本国的环境中学习外语的过程及其规律；追求的外语教学目的是培养学生综合运用外语的能力，即具有目的语国家人民一样的语言能力。通过总结外语教学的历史经验，认知法认为达到外语培养目的应遵循下列几项教学原则。

（1）外语教学要以学生为中心

以往的教学法，只管教不管学，充其量只能算得上是教的方法。无论是翻译法、直接法，还是听说法，通病是忽视对教学对象——学生的研究。认知法则一反过去，彻底改变了教学理念，将注意力放在学生因素的研究上。认知法主张先研究好学的问题再研究教的问题，教师在外语教学中应考虑学生的心理因素，最大限度地调动学生的学习积极性。认知法认为教学要以学生为中心，课堂教学活动要以学生的实际操练为主，以培养学生实际运用外语的能力。认知法还认为，外语学习不能局限于课堂，还应该延伸到课外，即学生在教师指导下，进行自主学习。因此教师的另一项任务是培养学生自主学习的能力。

（2）在掌握语言知识规则的基础上进行有意义的外语学习

认知法认为学习外语是一种创造性的语言活动。学生只有在掌握规则的基础上才能进行言语活动。人类具有高度发达的大脑，学习外语不是刺激—反应动物型的学习而是在理解规则的基础上通过大脑的逻辑推理创造性地活用语言的人类型学习。根据这个原理，外语教学首先应使学生理解所学语言的规则；教师提供的语言材料应该易于让学生自己从中发现规则；教师要让学生在一定的交际情景和实际生活中操练语法规则。

（3）听、说、读、写齐头并进，全面发展

在处理听、说、读、写四项语言技能的关系方面认知法与听说法有很大的差异。认知法反对听、说领先，主张听、说、读、写全面训练。

（4）利用母语

所有的语言，无论是母语还是外语，在某些方面具有共同性，乔姆斯基称之为语言的普遍现象。成年人学习外语一般借助母语实现。母语为他们提供了语言经验，帮助他们掌握了各种知识，形成了各种概念。如果引导得当，这些经验、知识和概念都可转移到外语学习上，使外语学习变得容易。这就是母语的正迁移现象。因此，外语教学中适当地利用母语是有益的，而排斥母语将是莫大的损失。

（5）对错误进行分析和疏导

按照认知法的观点，语言的习得过程是，假设—验证—纠正。学生在这个过程中犯些语言错误是不可避免的。如果教师采取有错必纠的态度，势必打击学生的积极性，在他们心里造成紧张感，抑制外语学习。所以教师要区别对待学生所犯语言错误，严重影响交际的错误要及时纠正，但因疏忽、不熟练而产生的错误则以疏导为宜。只有这样教师才能制造外语学习的轻松感，调动学生学习外语的积极性。

（6）运用直观教具和电化教学手段，使外语教学情景化、交际化

在外语教学过程中采用直观教具和电化教学手段有助于创造外语环境，提高教学效果。

4. 对认知法的评价

认知法是作为听说法的对立面而产生的，因而它一出现就受到外语教学法专家和广大教师的重视。20 世纪 60 年代中叶在美国广泛开展了认知法的试验工作。不少大学和中学进行了认知法与听说法的对比试验，结果表明：应用认

知法取得了全面的优异成绩。然而，认知法的推广并非一帆风顺，赞成者有之，反对者也有之。反对者认为认知法是传统翻译法的翻版，是老调重弹。虽然认知法与翻译法基本相同，但认知法吸取了当代教育学、心理学和语言学的最新研究成果，克服了翻译法的极端化、片面性，使外语教学更加符合科学规律，被称为“改革过的现代语法翻译法”。

认知法的倡导者主要是心理学家，他们把外语教学法建立在心理学理论——认知学习理论基础之上，从而使外语教学法走向健康的发展道路。有的教学法家认为认知法与听说法各有优缺点，不应互相排斥，应当互相取长补短。这两种方法，不是势不两立，而是共存的。其中一种方法可取对方之长，来补自己之短，从而发扬自己的优势。认知法出现后，并没有使听说法退出舞台，相比之下，两种方法都有可取之处，如听说法强调句型操练、培养语言习惯，认知法强调理解，主张有意义的学习和操练。认知法在实施过程中常出现语法翻译法的老毛病，另外，文化教学的缺失毫无例外地会妨碍学生交际能力的培养，特别是跨文化交际能力的培养。

认知法虽然产生于美国，但多半用于教美国人外语，由此可见，认知法适用于教中国人学外语。

（五）交际法

1. 交际法的概念

交际法是以语言功能和意念项目为纲，以培养交际能力为目标的一种教学方法体系。语言教学法家常将交际法称为功能法或者功能—意念法。围绕交际能力作为外语教学培养目标这一观点，产生了相应的语言观、学习原则及语言教学。交际能力这一核心概念是由社会语言学家戴尔海姆斯首先提出的。

交际法的代表人物有英国剑桥大学语言学系系主任特里姆，荷兰乌得勒支大学应用语言学院院长范埃克，英国语言学家威尔金斯、亚历山大、威多森和韩礼德等。威尔金斯的《意念大纲》和威多森的《交际法语言教学》标志着交际教学法的诞生。

交际法为什么称为功能—意念法？所谓语言的功能是指社会交际中的语言行为，即用语言叙述事情和表达思想的功能。这就是说，从表达的思想内容出发，这个思想内容是怎样表达出来的。如表示询问、请求、邀请、介绍、同意或拒绝、感谢或道歉、希望和害怕等。由于交际法也以意念项目为线索组织教学；所以它又叫意念法。意念是功能作用的对象，是指从特定的交际需要和目标出发，规定所要表达的思想内容。它可以通过提问谁或什么来确定。例如，同意什么？希望什么？邀请谁？向谁道歉等。功能和意念两个要素在运用语言叙述事情、表达思想的交际过程中是互相联系的。例如，询问邮局的方位，询问是功能，邮局和附近是意念。大多数教学法家认为，使用交际法的名称比使用功能—意念法的名称更能体现掌握交际能力的精髓。

交际法克服了听说法的一些致命弱点，其特点是：第一，交际能力是教学所追求的最大目标；第二，注重意义，围绕交际功能操练语言；第三，语境交际化是教学的基本前提；第四，句型操练属辅助训练手段；第五，根据学生需要可以解释语法，可用母语进行适当的翻译；第六，读写可以与听说同时进行；第七，课堂教学以学生为中心，让学生通过交际活动掌握语言系统；第八，按交际的需要和学生的兴趣来决定学习顺序。

2. 交际法产生的背景

交际法产生于 20 世纪 70 年代初期的欧洲共同体国家，中心是英国。20 世纪 70 年代以来，各国的政治、经济、科学和文化飞速发展，交流日益频繁。西欧各国为了加强相互之间的政治、军事、经济、科学和文化等方面的联系和合作，成立了欧洲共同体。

随着欧洲共同体成员的增加，使用的语言增多，出现了语言不通的重大问题。各国委员之间因语言不通而无法交谈。语言问题妨碍了布鲁塞尔机构的运转和西欧各国间的交流。

在这种形势下，西欧各国对专业外语人才的需要越来越迫切。20 世纪 60 年代流行于欧美各国的听说法只注重语言规则的讲解和训练，忽视了外语学习者交际能力的培养。当时的外语教学既无统一的大纲，又无统一的教材，教育质量低，难以达到具备交际能力的目的，无法满足国际交流的需要。欧洲共同体意识到，要从根本上解决这个问题的方法就是改革共同体成员国的语言教育——改变教学方法，制定一个西欧共同体成员国统一的外语教学大纲，设计统一的教材和测验标准。于是，1971 年欧共体文化合作委员会在瑞士召开了对成年人进行第二语言教学的专题座谈会。会议探讨了以单元学分体系组织现代语言教学的可能性，并就制订欧洲现代语言的第二语言教学大纲达成了共识。专家经过三年努力完成了欧洲一些主要语言的教学大纲——《入门阶段》，其中特别吸收了英国语言学家威尔金斯提交的以交际为标准而设计的功能—意念大纲的基本要点。

专家根据学员所要从事的言语活动，把统一的教学任务划分为不同的教学单元。《入门阶段》就是一般使用语言能力的最起码水平的大纲，是使用单元学分体系中的大多数学生，不管他们最后到达什么目标，都必须达到的基础水平。它适应欧洲共同体国家的最广大学习者的需要。功能—意念大纲强调把功能作为外语语言课程设置的基本组成部分，而和结构主义大纲不同，结构主义把语法结构当作教材的基本组成部分。与那些过分强调语法形式的方法不同的是，功能—意念大纲十分重视在具体语境中语言的语用目的或实用目的。功能—意念大纲并不一定能培养学生的交际能力。首先，它不是一种教学法，它仅仅是大纲。然而，它重视语言的功能目的，并提供语言环境以实现这些目的，这样，它就宣告了旧教学法时代的结束，开创了语言教学的新时代——交际教学法。

交际法的理论基础来自海姆斯、拉波夫等人的社会语言学和弗斯、韩礼德等人的功能语言学。自 20 世纪 70 年代以来，欧共体各国从理论上和实践上对交际法都做了积极的探索和研究，产生了深远的影响。直到今天，交际法仍然是世界上最主流的外语教学法流派。交际能力的培养已逐渐成为世界各国外语教学的最重要的目标。自 20 世纪 70 年代初期以来，虽然培养交际能力逐渐成了美国外语教学界和应用语言学界日常谈论的话题，但他们对交际法却长期保持沉默。70 年代末 80 年代初美国也开始编写和试验交际教学法教材。

交际法于 20 世纪 70 年代末期介绍到中国。这一时期由于“文革”结束，国门打开，国外大量的语言学理论、外语教学理论被介绍到我国。交际法就是其中最主要的外语教学理论之一。80 年代初期，我国外语教学界对交际法的概念、语言学基础、理论形成、教学原则、教学过程、交际法大纲、功能—意念大纲、交际法教材、交际法与其他外语教学理论的关系和区别以及国外交际法研究现状、实践情况等进行了全面的介绍和评述。

交际法逐渐被我国的外语教学界接受并用于实践。和其他所有教学思想一样，交际法也受着特定的语言观和语言学习观的支配。交际法受益于广义功能主义语言学。该理论重视语言应用，认为语言交际而非语言结构，才是语言的功能。根据该理论的观点，语言学习过程也是跨文化体验的过程，提高学习者的交际能力是外语教学的目标。根据交际法理论，可理解的输入和输出同样重要，语言学习者通过输出活动可以提高语言流利程度，通过生成可理解输出，加速第二语言学习。

交际法十分重视教学上的交际活动，强调学习者之间的意念协商，课堂活动形式包括解决问题、做决策、观点交流、图画听写等。交际法理论认为，在教学中不仅要帮助学生掌握正确的语言形式，同时也要考虑语言形式的功能，使学生可以在不同的场合、按照不同的需要、根据不同的对象、用得体的语言进行跨文化交际活动。

在此基础上，许多高校开展交际法教学实验，并尝试编写适合中国国情的教材，如原广州外国语学院编写的三册《交际外语》，黑龙江大学出版的两册《功能外语》等教材。20世纪80年代中后期，交际法理论开始影响我国外语教学指导思想，交际法已成为我国外语教学主要方法之一。我国教育部门组织专家以交际法理论为基础给大专院校和中小学制定了新的外语教学大纲并编写了各种外语教材，而且我国外语教学界就交际法与传统教学理论结合的可能性和如何在外语教学中具体运用的问题以及交际法的一些理论问题展开了研究。90年代至今，我国外语教学界在对交际法进行实践的同时反思了一些教学过程中出现的问题，如学生学习动机、教师综合素质、师生课堂角色、语言交际环境、社会文化因素等。

3. 交际法的语言学和心理学理论基础

交际教学法是语言学理论和心理学理论发展到较为成熟阶段的产物。在乔姆斯基革命以前，哲学家和语言学家重点研究语言结构和语言能力，却忽视了研究语言或语言运用。虽然德国语言学家洪堡特和瑞士语言学家索绪尔都区分了语言和言语的概念，但都没有做进一步研究。而美国语言学家乔姆斯基提出的语言能力、语言行为、语言习得机制、语言普遍现象等理论改变了语言研究的方向。

语言能力和语言行为两个全新概念影响了当时的外语教学改革方向。当然乔姆斯基并没有亲自将自己的理论用于外语教学，而是有些教学法家对乔姆斯基的理论进行了实践，虽然教学效果不太理想，但至少让人们认识到了语言的交际性，让外语教学朝着交际的方向前进了一步。

社会语言学的出现冲破了乔姆斯基理论的局限性。它着重研究人类社会中使用语言进行交际的规律和语言的社会功能。社会语言学家一致认为，语言最本质的功能就是社会交际功能。社会语言学家海姆斯在乔姆斯基的语言能力和语言行为的基础上提出了交际能力的概念。交际法就是以社会语言学为理论基础，以语言交际功能为纲，以语言交际能力为目标的一种外语教学方法体系。海姆斯指出，人们对语言的掌握不仅包括他们能否造出合乎语法句子的能力，还应该包括他们是否能在不同的社会情景中恰当地使用语言的能力。在海姆斯看来，乔姆斯基提出的语言能力并没有考虑社会文化因素。

因此，如果在语言教学中只教学生的语言能力的话，那么就意味着把大部分的交际能力抛开了，那么人们就无法在日常生活中很好地使用语言。但是如果把交际能力作为重点的话，那就意味着只是把很小一部分的语言能力排除在外。海姆斯认为，交际能力表现在四个方面：语法能力——能组织合乎句法的句子；语言能力——能判断语言形式的可接受性；社会语言能力——能在适当的环境中使用适当的语言；语言策略能力——知道语言形式出现的或然率。卡内尔和斯魏恩在此基础上进一步提出交际能力涵盖以下几种能力：语法能力、社会语言能力、语篇能力和策略能力。海姆斯和其他语言学家所阐明的交际能力的含义，构成了交际法的教学目的。英国著名语言学家韩礼德，创立了系统功能语言学。他主张用系统语言学方法分析句子以上的语言单位——语段，为语言研究开辟了新的领域。他重视对语言运用和语言功能的研究，并指出了语言的三种功能：认知功能、建立和维持人际关系功能、连贯脉络功能。

过去的语言学局限于研究语言规则系统和认知功能，忽视了研究后两种功能，导致了外语教学只重语言形式训练。其结果是，学生只掌握了语言规则，却不具备交际能力。英国语言学家威多森也提出了关于培养交际能力的著名论断，即在外语教学过程中，教师要让学生在语段层面上使用语言才能培养出交际能力。语言学家的上述一系列理论就是交际教学法的重要语言理论基础。

交际法除了依据语言学的理论之外，有着一定的心理学理论基础。交际法涉及一个重要的心理学概念，那就是意念。意念属于心理学的思维范畴。交际教学法的出发点就是要让学生在交际活动过程中学会用语言表达意念，掌握表达意念的各种方式。由于人类的思维具有共同性和普遍性，所以不同的语言群体或不同种族有着共同的意念范畴。20 世纪 70 年代，常用意念项目及常用语言表达方式被教学法家当成了欧洲现代主要语言教学的核心和欧洲现代主要语言教学大纲的基础。这就为制定欧洲各国现代具体语言教学大纲提供了依据。

欧共体国家的语言教学大纲《入门阶段》对意念做了分析说明，将意念分为一般意念和特殊意念两类。一般意念范畴共有八类：表示存在的意念范畴、表示空间的意念范畴、表示时间的意念范畴、表示数量的意念范畴、表示质量的意念范畴、表示精神或心理的意念范畴、表示关系的意念范畴、表示指代的意念范畴。特殊意念范畴与谈论的题目相联系。其类别数量就是话题的数量。

心理语言学的功能派理论对交际法也做出了贡献。功能派坚决反对行为主义观点，外语教学就是进行不断的刺激—反应训练和不断地纠错。章兼中曾经对功能派观点做过如下介绍。

该学派认为，学生在使用语言进行交际的过程中犯语言错误是正常现象，错误是学习语言过程中一个由不完善达到完善的路碑。这好像是小孩学习母语过程中存在中继语言一样，标志着语言学习中各个阶段的发展水平。学生学习外语的过程是一个从常常出现错误的不完善的阶段逐渐向不出现错误达到完善的阶段的过程。不完善的中继语言中的错误不必纠正。不断地纠正学生说话中的错误只会打断学生说话时的思路，分散学生的注意力。教师不用担心学生在交际过程中会出现语言错误。这些错误，学生会在今后的言语交际活动中逐步改正。

4. 交际法的教学基本原则和教学过程

交际法的语言学习观强调四点内容：第一，语言教学应遵循自然的语言习得过程，即在交际中学；第二，语言学习的最佳途径是在社会环境中运用；第三，如果强调交际，外语学习将会更加有效；第四，语言学习是一个有意义的协商过程。早期的交际教学法家将交际法教学原则归纳为以下四条：

（1）建立单元学分体系

建立单元学分体系的前提是进行需求分析，即分析了解学生学习外语的需要，提出单元学分体系中的教学目标。凡学习外语的学生，不论其动机如何，都要达到确定的教学目标。教师应该为学生提供条件，以便他们能有效地学习，尽可能快地达到教学目标。

（2）综合运用八种交际要素

①情景要素；②功能要素；③意念要素；④社会、性别、心理要素；⑤语体要素；⑥语音、语调要素；⑦语法、词汇要素；⑧语言辅助要素。

（3）使教学过程交际化

外语教学要从学生使用语言进行交际的角度出发，力求使教学过程交际化。要实现教学过程交际化，教师应做到如下几点：①把言语交际作为全部教学的出发点；②力求教学内容、活动、情景交际化；③课堂气氛自由，以学生为中心；④在语段层面使用语言，培养交际能力；⑤听、说、读、写是综合的言语活动。

（4）发展特殊用途外语

特殊用途外语，与通用外语相对，是指与特定学习者群体的特殊职业或特殊需要相关的外语。它对语言课程或教学计划有特别的要求，具有很强的实用性。特殊用途外语包括的范围很广，它可以分成各种类型的专用外语教学，如学术外语、科技外语、护理外语的课程等。

英国教育家大卫·纽南对交际法进行实践和研究后概括出五点原则：第一，强调运用目标语学习交际；第二，在学习情境中使用真实语篇；第三，提供机会使学习者不仅重视语言而且重视学习过程自身；第四，扩充学习者的个人经验，因为它对课堂学习有重要意义；第五，将课堂学习与课外语言活动紧密结合起来。

交际法与以前所有教学法的不同之处在于它改变了传统的以教师为中心的教学观，而将更多的注意力放在学生上，形成以学生为中心的教学模式。教师的角色也由原来的课堂主导者、控制者转变成学习的促进者、管理者和参与者，同时还是需求分析师或咨询师，随时准备为学生解答疑问。交际教学法的课堂环境强调学生之间的合作和移情，即能理解他人的想法和感情，允许口语练习中错误的发生，并且多采取小组合作的学习方式。

自 20 世纪 70 年代到现在，人们实施交际法所采取的课堂教学步骤由简单变得周全，由随意变得严谨。英国语言学家布伦菲特将交际法的教学步骤归纳为 11 条：①用学习者的母语介绍简短的目的语对话；②口头练习这些对话；③根据对话内容问答；④围绕对话主体结合个人经验回答问题；⑤从对话中提取一个基本的表达方式或者具有某个功能的结构集中学习；⑥让学习者发现句式规律；⑦口头翻译活动；⑧口头生成活动；⑨抄写课本中尚未出现但已经练习的对话；⑩从作业中采集样本；⑪口头提问以评估学习效果。

按照以学生为中心的教学模式，交际法主导的课堂里教师试验过各种各样的教学活动，以实现学生在交际中学会交际的目标。主要的交际法课堂教学活动归纳起来有如下几种：①信息差活动；②拼图游戏；③信息收集；④观点分享；⑤角色扮演。

5. 对交际法的评价

交际法吸取了各教学法流派的长处，但也存在不足。它的优点体现为从学生实际需要出发，确定学习目标。交际法首先分析学生使用语言的实际需要，然后再确定他们的学习目标。其他教学法流派大多数是以教师为中心，而交际法则以学生为中心进行教学。教师按照已经确定的目标选定教学内容和具体方法。重视交际能力的培养，体现语言的社会功能。以往各教学法流派都以语言形式为主要线索编写教材，而交际法则以功能和意念项目为主要线索安排教材内容。

它首先把语言看作人们在社会中进行交际的工具，外语教学的目的是培养学生的交际能力。按照社会语言学的观点，语言交际受社会文化因素的制约，培养学生的交际能力，不仅仅是培养其语言使用能力，也是培养其社会文化能力。交际法给应用语言学家和语言教师很大的启发：外语教学必须包括文化教学；交际能力应该包括语言综合运用能力和跨文化能力。应该说交际法间接地将社会文化因素引进了外语教学，教学过程交际化，课堂以学生为中心。由于课堂以学生为中心，学生可以自主地进行各种言语交际，而不受教师的控制。教师的角色是课堂协调者、问题的解决者。

通过课堂的交际活动，学生很容易提高交际能力。促进特殊用途外语教学的发展。特殊用途外语实用性很强，对交际能力的要求很高。交际法是用于特殊用途外语教学最合适的教学法。

目前交际法还存在几个问题需要进一步研究：如何确定和统计功能—意念项目，有待进一步探讨；以功能—意念项目为线索组织教学大纲，很难保证功能—意念项目教学顺序的科学性；如何科学地协调语言功能—意念项目与语法、句型结构之间的关系问题仍有待解决；允许学生出现语言错误，采用放任自流的态度未必明智；如何避免有错必纠和放任自流这两种极端的态度方法，正确对待语言错误，还需进一步探讨。

在外语教学中进行文化教学已经有很长的历史了，文化一直都是其教学内容的一部分，只是在不同地区、不同时代、不同教学方法下，文化教学的理念和方式各不相同而已。外语教学最初是为了满足少数精英人士阅读和翻译外国文学作品，包括一些宗教书籍的需要，因此文学作品在当时，甚至随后很长一段时间，都是外语教学的主要材料。由于文学作品，蕴含丰富的文化内容，是反映文化现实的最佳途径，所以最初文化进入外语教学是通过文学作品，学习者在阅读文学作品的过程中，了解到一些关于目的文化的信息。随着外语教学的逐渐普及和听说法的推广，人们学习外国语言的动机和目的不再局限于文学作品的阅读和翻译，人们认识到学习和了解目的语国家的相关文化背景十分重要，因此，外语教学过程中开始设置英美概况等课程，这些单独开设的文化课程成为文化教学的主要渠道。到 20 世纪 70 年代以后，交际法外语教学的兴起使文化教学的内容扩大到目的文化的日常生活、学习和工作的各种情景中所包含的文化习俗和规范。由此可见，文化教学始终伴随着外语教学。

第二节　复合型外语人才发展趋势

人才培养是高校的根本任务，也是内涵建设的核心。高校要研究社会发展、科技进步、国家战略对人才培养带来的新挑战和新机遇，时刻更新教育理念，不断深化人才培养模式改革，更好地为社会服务。国内有关应用型专业人才培养模式研究的成果很多，结合具体学校研究的也很多，但结合教育理论把应用型外语专业人才培养和社会需求、教学模式改革相结合研究的甚少。国外学者对此领域研究较早，从更高维度研究的也很多，他们关注人才培养问题，提出了高等教育改革的必要性、迫切性及培养全才的重要性。国内外学者将应用型外语专业人才培养模式与社会需求接轨，并对接国家发展战略，填补了研究空白。

因此，本研究具有现实性、实用性和创新性。应用型专业人才培养，既是应用型，就要随时代的需求变化而变化，以适应其应用型的特征，在发展中求生存、求质量、求实效、求完善。人才观向着人的全面发展而发展。对外语人才培养目标和教学模式的探索也随社会的发展而调整，近年随着各国多边贸易和文化交流增多对应用型人才培养和教学模式的探索逐年增多。国家与地方教育中长期发展规划及“十二五”规划中都强调将地方本科院校与地方经济发展相结合，注重实效将专业发展与学校特色相结合。多元发展的时代呼唤多元化人才，促使多元化、全方位教育改革，对人才的需求分析和培养模式的研究也将蓬勃发展。

第三节　复合型外语人才培养的理论基础

由于西方发达国家生产过剩导致经济萧条，我国改革开放的重心开始从西欧、美洲地区转向东南亚、中东欧地区，“丝绸之路经济带”和“海上丝绸之路经济带”共涉及 65 个国家和地区，包括东盟 10 国，西亚 18 国，南亚 8 国，中亚 5 国，独联体 7 国和中东欧 16 国，因此，西部地区传统的以外语为主的单一语种人才培养模式显然已经不能够满足“一带一路”建设的需求。

“一带一路”倡议下，不仅要培养英语人才，还应培养韩语、俄语、阿拉伯语、西班牙语、法语、葡萄牙语、印尼语、瑞典语、希腊语等实用型小语种人才。“一带一路”建设涉及的语言种类很多，在国内掀起了小语种热潮。近年来，广东外语外贸大学、北京外国语大学等各大外语高校纷纷开办小语种新课程，为我国“一带一路”建设储备人才。“一带一路”倡议实施包括贸易、运输、基建、金融、电商、能源、旅游、法律、科技、文化等多领域、多边贸易合作。改革开放主要是与西欧和美洲国家发生贸易生产合作，而“一带一路”建设与东南亚、中东欧之间的合作将细化到关系国计民生的很多领域。因此，把语言知识与交通运输、建筑、能源、装备制造、石油管道、电站建设、商贸、旅游等领域的具体专业知识结合起来，培养复合应用型人才是“一带一路”建设的先导任务。因为传统的以语言技能为主的纯语言型人才培养旧模式早已不能更好地服务于西部大开发，不能更好地服务于“一带一路”建设。根据“一带一路”建设所涉及的合作领域，培养“专业知识＋外语技能＋文化素养”一体化的复合、应用型人才，使之服务于社会，服务于“一带一路”建设，是外语教育顺应时代发展的必然趋势，它为各高校外语人才培养指明了方向，具有跨时代的战略意义。

我国几乎所有的高等院校都开设有外语专业，95%的高职高专和民办高等教育机构也开设有外语专业，但外语教育目前所面临的形势是：一方面，单一外语人才严重过剩；另一方面，应用型外语人才严重短缺。近年来，外语专业毕业生由于失业率高、社会适应性差、职场成就低等原因被麦克斯就业报告连续8年亮红牌，面临被取缔的威胁。目前，我国外语教育现状主要有以下三大特点：第一，外语专业失业率较高，如从2006年以后，外语专业连续8年为麦克斯就业报告中的红牌专业，面临被取缔的威胁；第二，由于专业缺失，外语专业人才主要从事外语教育工作，其中还有一部分外语专业毕业生从事着与外语毫不相关的工作；第三，由于缺少思辨能力、管理能力、创新能力，外语专业人才的社会适应性差，薪资较低，职场成就低。

一、复合型外语人才分类

培养复合型外语人才是外语教育可持续发展的必然路径。外语实用人才的缺乏，将影响整个国家的国际合作交际能力及商业、贸易、技术等方面的国际竞争能力，直接威胁该国的国际地位、经济发展和非传统领域国家安全。“一带一路”建设不仅是改革开放的全面深化，也是外语人才培养的全面深化，外语教育需要深化改革，走内涵式发展路线——培养复合应用型外语人才，才能满足“一带一路”建设对外语人才的需要，才能推动外语教育的可持续发展。根据“一带一路”建设所涉及的主要地区和国家交流合作的主要领域和学科，复合型外语人才可被细分为复合研究型人才、复合专业型人才、复合语种型人才、复合管理型人才、复合技能型人才五种。

（一）复合研究型人才

复合研究型人才是为培养外语精英人才所设计的，主要培养经济带建设所需的，在外语教育、外交、翻译、文学、国际关系、跨文化交际和语言学等领域具有尖端学术研究能力的高级研究人员。复合研究型人才的培养可以通过ESP（English for Special Purpose）课程设置的机制实现。

（二）复合专业型人才

复合专业型外语人才既懂自己的专业，又懂外语，既具备所学专业的实践技能，又具有扎实的外语基础，能用熟练的外语与外方交流合作涉及本专业领域的具体事务。该模式的专业领域主要涉及“一带一路”建设所急需的有关金融、旅游、管理、外交、商务、贸易等专业。这类外语人才的培养首先要确定经济带国家交流合作的主要领域和专业背景，然后通过非外语专业与外语专业复合、跨系选修和双学位等机制实现。

（三）复合语种型人才

目前，英语人才已经过剩，而法语、西班牙语、俄语、德语等其他语种专业人才却比较稀有，而对外语专业的学生来讲，他们普遍要学习第二外语。复合语种型人才的培养首先要根据经济带建设所涉及的国家和地区确定所需的关键语种，然后通过创办新型小语种、增设辅修语种等机制实现。

（四）复合管理型人才

复合管理型人才是指既会外语又懂管理知识的外语人才。目前，很多外企、贸易公司、涉外酒店、涉外旅行社等单位都需要既懂外语又擅长管理企业的白领外语人才。此类人才的培养可以通过开设管理、营销、策划等辅修专业来实现。

（五）复合技能型人才

复合技能型人才通过外语工具培养经济带国际合作所需的，在能源、道路、环保、电子、计算机、国防等领域的专门技术人才，此模式注重培养外语人才的创新意识、创新思维和创新技能。此类人才可以通过校企合作、实习培训、建立产学研基地等机制实现。

二、复合型外语人才培养的理论基础

（一）人本主义教育理论

人本主义心理学盛起于20世纪中期的西方，对西方教育思想、目的、内容和方式等产生了深刻影响。当代人本主义教育思想以马斯洛（Abraham H. Maslow，1908—1970）、罗杰斯（Carl. R. Rogers，1902—1987）等为代表。他们从自然人性论、自我实现论出发，倡导以学生经验为中心的自由学习，突出情感在教学中的作用，以知情协调为主、以情感为教学动力的新教学模式；以学生"自我"完善为核心，强调人际关系在教学中的重要性；把教学重心从教师转向学生，认为学生的思想、情感、体验是教学主体，促进了个别化教学运动发展，冲击了传统教育理论，推动了教育改革。"人本主义心理学运动著名领导人有亚伯拉罕·马斯洛和卡尔·罗杰斯。当前出现的学校教学计划，主要依赖于这些持对立心理学观（指对立于"刺激—反应"行为主义观）中的观点，或者某些变种。"也正因为人本主义大兴，在20世纪70年代"人本主义"成为美国学校课程改革最响亮的口号。

1. 人本主义教育理论的起源、发展和核心思想

人本主义教育思想历史悠久。在西方，古典人本主义教育思想可追溯至古希腊的苏格拉底、柏拉图；文艺复兴后从17世纪的夸美纽斯到18世纪的卢梭、狄德罗，再到康德、费希特等，最后到斐斯泰洛齐和赫尔巴特，古典人本主义教育达到顶峰。欧洲文艺复兴时，意大利学者弗吉里奥率先阐述了人文主义教育思想。主要贡献是阐述了人文主义教育的目的与方法，对年轻人进行全面教育，并根据学生爱好与兴趣教学。1808年教育家尼特哈麦在辩论中，根据西塞罗"humanitas"的用法杜撰了德文词"humanismus"。1859年，伏伊格特首次将"humanismus"用于描述欧洲文艺复兴运动性质。后来，"humanismus"译成英文"humanism"。从词源看，"humanism"指以人性弘扬为目的的全面教育。因此，人本主义从一开始就与教育有关。

20世纪初，美国教育家杜威（John Dewey，1859—1952）提出了"实用主义"教育，改"教师为中心"为"学生为中心"，强调学生主动性、能动性、学习兴趣在教学活动中的主导作用。第一次世界大战后"要素主义"教育取代"教育为中心"。教育目的为社会需要，教育要满足社会的要求，也要有利于国家利益。布鲁纲1971年主张教学内容从"科学立场"转向"人的立场"。这样，

人本主义教育应运而生，美国学者索里和特尔福德表示：“人们期望教育既有助于自我实现和安宁和谐、精神健康，也有助于社会化。”

可见，人本主义心理学基本主张在教育界得到共识，如同美国心理学家吉尔根所述：“五六十年代由罗杰斯等倡导的人本主义到 70 年代初发展成声势浩大的运动，运动领袖是以人为中心的哲学领袖。”1988 年约翰·米勒（John P. Miller）《全人教育课程》出版、隆·米勒（Ron Miller）创办《全人教育评论》杂志和 1990 年“全球教育改革联盟”成立标志着人本主义核心思潮在教育的集中体现。人本主义教育学对西方学校教育产生深刻影响。人本主义教育学强调人的情感、自尊、自信等。“第三思潮心理学理论要求新教育，强调发展人的潜力，尤其是成为真正的人的潜力；强调满足人的基本需求；强调理解人并与之和谐相处；强调自我实现；帮助人成为最好的人。”所以，当人本主义心理学作为重要学术思潮兴起后，在学校教育中就出现了新的认识，如“情感教育”“整合教育”等，并涌现出了大批人本主义教育学思潮的教育改革活动。人本主义教育理论的核心思想总结如下。

（1）“全人”教育、“全人”发展

“社会人本主义教学价值取向认为教学的最高价值是发展人的理性，培养有理想的人。教学不是生活的复本，而是生活的准备，追求教学的永恒价值，使人成为人。”坚持课程针对完整的学生，注重学生的感情和理智、情感和认知、情绪和行为的统一协调，关注开发人的潜能发展，促进人的自我实现。知识、品德和人格融为一体，以促进学生的自我结构或人格日趋完善。

（2）重视学生的主体作用

以“学生为中心”，尤其是在实习实训的环节，让学生亲自体验发现东西。学习的动力是内在自发的，学校尽力满足学生需要，发挥学生潜能，使他们愉快地创造性地学习，培养心理健康、有创造力的学生。

（3）重视师生关系和教学心理效果

注意教学中的情感因素，重视学生主动性、意识、情感和价值观等心理因素。要求教师在人性、动机、行为和自我实现的整套假设基础上处理自己和学生的关系。

（4）重人文科教，轻自然科教

教学方式上，人本主义教育崇尚传统文化遗产，强调严格训练、个别教学和家庭教育。

（5）提倡互动式教学法和合作学习

借助师生问答使学生学到知识，提倡学会学习和培养学生应变能力的学习观。提倡分工合作、密切配合、各尽所能、社会互动、团体历程。倡导学生主导自己的学习；采用诊断式的成绩评价；开展个别化教学活动；教师合作协同教学。

2. 人本主义教育理论对复合型外语人才培养的指导意义

人本主义心理学家认为：人来自自然，自然人性即人的本性。每个人都有发展自己潜力的能力和动力，行为和学习是知觉产物，人多数行为是对自己看法的结果。因此，学习涉及整个人，学习经验能使学习者发现自己的特质。从这个角度来说，学习即成为完善的人。人本主义教育理论对应用型专业人才培养有如下指导意义。

（1）“学生为中心”的教学观

马斯洛认为自我实现有两层含义：完满人性的实现和个人潜能的实现。他的需要层次论把人的需要分为生理、安全、归属与爱、自尊、自我实现的需要。主张学习是内在过程，不需要有意指导，生而具有内发的成长潜力。教师不是教学生知识，而是为学生安排学习环境，让学生自由选择，在潜能引导下实现自我。教育在于提供安全自由的人性化心理环境，使人固有的良性潜能得以自动实现。当学习者靠自己来评价个人掌握知识程度，而非寻求外部资源来评估时，才会产生对个人有意义的学习和经验。由此，罗杰斯在20世纪60年代提出了“自由学习”和“学生中心”的学习和教学观。在应用型专业人才培养的教学过程中遵循以“学生为中心”的原则，因人而异、个性发展，培养各类特色人才。

（2）“全人教育”的教学思想

罗杰斯认为，情感和认知是人类精神世界的组成部分。他的教育理念是培养用情感和认知做事的情知合一的“完人”。他认为，只有学会如何适应变化和学会如何学习的人，只有意识到没有可靠的知识，唯有寻求知识的过程才是可靠的人和真正有教养的人。现实中变化是唯一作为教育目标确立的依据，这种变化取决于过程而不是知识。可见，人本主义重视教学的过程而不是内容，重视教学的方法而不是结果。宗旨是“以人为本”，实现“全人教育”的培养目标：在身心、认知（理智、知识、理解）与情意（情绪、感情、态度、价值）方面都达到高度和谐统一。在应用型人才培养模式的课程设置中适当安排重在培养学生人文素质和传统文化的课程，使学生不仅掌握扎实的外语专业知识，还具备一定的人文素养和交际能力。

（3）“学生为主，教师为辅”的教学方法

罗杰斯认为教育培养出来的人应个性充分发展，具有主动性和责任感，具有适应力，自主发展能实现自我价值。教育就是为学生的潜能发展提供轻松和谐的心理环境，使潜能在“内驱力”作用下自动地形成。他还认为，人是动态变化的，教育不能按计划利用外部要求向学生施教，要顺应学生心理体验变化。主张以学生为中心，批判以教师和教材为中心，认为学生“自我”是教学根本，教学活动要围绕“自我”需要进行。在培养应用型的人才时要改变传统的教师主宰课堂的“填鸭式”教学模式，把课堂还给学生，让他们自由参与和讨论，教师只起引导作用。这样有利于培养学生的创新思维和独立思考问题并解决问题的能力。因人而异、因材施教，这是最有效的教育法。

（4）教师的积极作用

罗杰斯倡导，教师同他人或学生制订课程计划，不能教师独揽。学生的需要、兴趣等决定课堂教学，让学生根据兴趣选择学习方法；鼓励培养学生的创造性思维能力；教师为学生提供自己的经验和实践，鼓励学生课堂分享知识和经历；教师要善于运用丰富的教学法，从学生的兴趣和需要出发引导学生，不是教学生学和如何学，而是为学生提供学习资源和促进学习的环境。这就是应用型人才培养模式中提倡的教师要起积极的引导作用。

（5）学生的学习是经验学习

罗杰斯认为，一种学习是认知学习，可用行为主义的 S-R 学习理论（即刺激—反应学习理论）来解释，重记忆而无意义。另一种是以自发和主动性为动力的经验学习，把学习和愿望、兴趣、需要结合起来，以学习的经验积累为主的有意义的有乐趣的学习。“把理智和情感、逻辑和直觉、概念和经验、观念和意义结合起来学习，就会成为完整的人。”学习重点是“授之以鱼，不如授之以渔”。马斯洛认为，学习是主动的过程，一切外在强迫都无利于学习。

（6）学生注重自我训练和自我评价

罗杰斯（1969）提出，只有学习者感到学习内容同他个人相关，并且自己也能积极参与其中，比如亲身体验式学习，有意义的学习才会产生。自我训练取代外部训练，学自己做学习情况的评价，其他师生对学生的自我评价给予反馈与点评，使这种自我评价更客观，提高自我评价的积极作用。

（7）建立新型的师生关系

罗杰斯主张教师要真诚地以人格力量感染学生；体会和移情学生；信任学生。马斯洛认为，师生关系应以爱为基础，民主平等对话，教师要引导学生实现潜能，使学生朝自我实现方向发展。

总之，人本主义心理学家从自然人性论和自我实现论出发，倡导以学生经验为中心的有意义的自由学习。拥有自己的教育宗旨和方向，冲击了传统教育理论，深刻影响并推动了教育改革发展，将在世界教育改革中发挥特有的作用，也将在应用型人才培养模式的构建中起到重要的理论指导作用。

（二）能力本位教育理论

1967 年产生于美国的能力本位是国际上流行的教育思想和课程模式，取代了传统学科的师范教育新方案。20 世纪 70 年代，能力本位教育思想日渐成熟并被广泛应用于本地和其他地区职业教育和培训中，尤盛行于北美。它的最大特点是，整个教学目标是如何使受教育者具备从事某种职业所需要具备的能力，教学目标很具体，针对性也很强。

1. 能力本位教育理论的起源、发展和核心思想

能力本位教育思想以美国、加拿大为代表。“能力”指与本职相关的知识、态度、经验和反馈，这些构成了专项能力，专项能力以学习模块的形式构成综合能力，若干综合能力又构成职业能力。职业能力包括专业、方法、社会能力等。20 世纪 70 年代这种理念被摒弃。80 年代中后期，注重知识和理论，忽视实践的职业教育和需求严重脱钩，能力本位教育理念重新兴起，成为世纪之交职教培训改革的主导教育理念。20 世纪 90 年代，能力本位思潮达到盛行后期。能力本位教育以从业具备能力为出发点确定培养目标、教学内容、方法和评估标准。强调学生的主导地位，核心是如何使学生具备实际能力。对能力本位教育理解不同，实践中做法也不同。能力本位教育理论的核心思想总结如下。

①从职业需求出发，以实践能力为教育基础并作为培养目标和评价标准。通过专家委员会确定行业能力标准并明确培养目标，再把能力标准转换成常用模块化的课程教学。

②强调学生的自我学习和自我评价，参照能力标准评价学生的多项能力。由学校组织相关教师，以能力为目标设置课程和教学内容，最后要考核是否达到目标要求。

③灵活多样的教学管理和科学管理。采用适应个性化差异的个性化教学方

法，并授予学生相应的职业资格证书或学分，认可学生的最终学习成果。

能力本位教育理论的特点是：以学生具备职业能力为教学目标；通过职业需求分析制定教学计划和系列教学模块，满足不同基础和需求的学生；教学管理上突出个别化。与传统职教模式相比其优势是：教学目标明确，针对性和操作性强；理论与实践结合；重视学生个别化学习；重学而非重教；评价客观。其局限性是：重行为轻品德；针对具体工作，阻碍职业迁移和继续学业，但它对能力的关注至今在教育界仍受推崇。

2. 能力本位教育理论对复合型外语人才培养的指导意义

能力是完成一项目标或任务所体现出来的综合素质。在以知识、智力和创新能力为基础的新世纪，知识变成能力才有用，能力依靠知识才有力量。能力成为支配社会和人发展的主导力量，人只有靠能力才能实现自我价值。能力本位体现人发展的本质规律，具有鲜明时代特征。强调知识的内化与人潜能的开发，强调社会发展对人才培养需求的适应性。认知与发展、实践、创造、竞争与合作能力的培养是能力本位的核心。能力本位教育理论对应用型专业人才培养的指导意义如下。

（1）“以人为本”的教育理念

培养学生具有经济与社会的协调发展观，既传授知识技能，又发展学生个性，尊重学生，使学生全面发展。在人与自然、社会的关系上意识到生态、经济与社会的协调可持续发展等因素。

（2）学生个性发展与社会需求相结合

强调学校与社会、理论与实践的关系。能力本位采用的社会需求调查、职业分析、按需设计教学、产学合作等都有效地缩小了教育与社会发展间的距离，有效服务于社会。所以，应用型人才培养模式的构建要利用社会需求分析法，这样制定的人才培养方案才最符合社会的需求。

（3）注重学以致用、能力为本

以职业需求和分析开展教学，强调学生主体地位，使学生具备实际能力。在当今竞争时代衡量人才不只崇尚学历证书，适者生存，能者发展，这是能力本位显见的解读。解决“高分低能”就要培养学生的创新和实践能力，确立能力为本，这是教育的回归，现代教育观和人才观也从重视知识向重视能力和素质转变。在传统外语教学中，多以培养学生笔试能力为主，忽视学生的外语口语表达和实践应用能力。

（4）能力本位是教师素质结构的重要内涵

在我国，教师除了要具有良好的职业道德素质外，教学能力是教师竞争上岗的主要依据。而目前教师队伍能力弱、水平低现象突出，不适应全面实施素质教育的形势。因此，要把提高教师实施素质教育的能力作为师资培训的重点，而关键在于教师要先确立“能力本位”的基本理念。

能力本位倡导人通过发挥专业技能和创造力，实现个人的社会价值，反过来要求社会为个人能力的发挥创造条件。能力本位是能力建设，通过开发、使用和完善能力，最大程度开发利用人的潜能，使能力成为人力资本的核心。这也正是应用型人才培养的核心——以培养学生的实践能力为本。

通过对人本主义教育理论和能力本位教育理论的起源、发展和核心思想进行阐述，我们总结出两种教育理论对应用型专业人才培养的理论指导意义：人本主义教育理论追求“全人教育”的核心思想，教育宗旨是“以人为本”，促进人的自我实现；能力本位教育理论以提供社会对学生所需能力为基本原则，强调学生的主导地位，核心是如何使学生具备从事工作所需的实际能力。两种教育理论都是在教学中倡导以学生为中心，以培养学生实践能力为教学目标，这也是应用型专业人才培养的核心内容，为应用型外语专业人才培养模式的建构提供了理论指导。

第四节　复合型外语专业人才培养模式的现状

《国家中长期教育改革和发展规划纲要（2010—2020年）》（简称《纲要》）注重学思结合；倡导启发式、探究式、讨论式、参与式教学，帮助学生学会学习；知行统一；教学与实践结合；注重因材施教；关注学生个性差异，发展学生的优势潜能。《纲要》提出，根据培养目标和人才理念，建立科学多样的评价标准，完善综合素质评价。通过对大量的文献资料进行归纳总结出目前我国高校外语专业人才培养的现状如下。

一、重视专业规模，忽视教学质量和实践环节

高校扩招后外语教育发展迅猛，外语专业下设经贸、旅游等方向，但没有相对完善的符合时代需求的人才培养模式，实践教学环节弱，致使毕业生不适应社会需求。应试教育造成很多学生“高分低能”。“外语＋专业的人才培养模式在外语专业和其他相关知识对接存在问题。”北京外国语大学孙有中教授

指出：外语专业是“最没专业的专业”，外语专业学生基本功有待提高，教学质量有待提升。

二、创新办学理念，倡导以学生为主，但实际仍以教师为主

20世纪末在相关文件指导下，外语专业办学理念发生变化，但无特色，求大求全模式阻碍了人才的培养。以学生为中心的实质是考虑学生的真实需求，尊重学生的学习个性和特点，培养学生自主学习能力。在教学中虽倡导以学生为中心，调动学生主动性，但实际多是教师主宰课堂。

三、人才培养模式多元化，但不科学

倡导夯实学生基本功，虽利用方向型、选修型等培养模式，但需科学化。偏重语言基础技能课，导致学生人文素养低。外国语言文学的专业属性决定了语言和文学是核心课程，但流于形式的汉语言文学课导致学生汉语表达能力欠缺。因此，有必要加强人文课程建设。

四、教学资源多元化，但缺乏系统化、科学化和普及化

随着科技的发展，互联网应用到了教学实践中来，这大大拓展了学习空间和教学方法，但操作中缺少专业化辅导和管理，使得大量优质教学和学习资源不能共享。教材又大多重理论，轻实践，知识体系缺乏系统性，而实践实用性外语教材仍不完善，这都影响了学生的学习兴趣、制约人才培养质量。

五、师资队伍建设和教师素质有待提高

高校外语教师多是外语语言学专业毕业，不懂经贸、管理、法律等专业知识，而懂这些专业的教师又不会外语。使得“外语＋专业”在教师层面就断档。此外，多数教师不研究科学的教学方法和策略而单纯地教学。这些因素直接影响了教学效果和人才的培养质量。

六、高校评估指标不利于外语学科发展

2012年，教育部下发《普通高等学校本科教学工作合格评估指标体系》，2013年启动试点本科教学评估新方案，取消统一指标，采取分类评估。“就外

语专业而言，也应以专业自评为主，对不同外语专业或同专业不同院校进行分类评估。”这才能真正体现各自特色，有助于取长补短、互助互学。

第五节 复合型外语专业人才培养模式现存的问题

20世纪70年代在语言教学中出现的需求分析是采用多手段对学习者的学习目的、学习水平和预期目的等进行收集分析的方法。它是目标情景分析和现状分析的结合，焦点是学习者的需求，作为课程设计的方法受到欢迎，在实践教学中具有重要作用。通过调查归纳总结出目前复合型外语专业人才培养模式主要存在以下不足。

一、课程设置缺乏实用性原则

课程设置没能很好地体现实用性，多以通识教育课和专业课程为主，而实践课程门类、课时都相对较少，这是导致学生缺乏实践能力的根本原因。高校要关注学生能力和人文素质的培养。人才培养的关键是培养学生能力和人文素质，关注课程体系改革才能提高人才培养的质量。

二、教学方法传统单一，教学设施有待完善

据了解91.2%的用人单位愿意招聘有一定外语交际能力的人才，尤其是具备良好的口译和笔译能力的人才。而实际教学方式多采用以教师为主、学生为辅的形式，学生没有参与权，导致学生学习乏味，效果不佳。另外，教学设施陈旧或短缺，不能满足学生的学习需要。这些都严重影响了教学效果和教学质量。教育工作者要科学合理运用教学方法，这是培养应用型专业人才的重要途径和保障。

三、实践教学课时少或严重缺失

调查表明，对毕业生的实践经验86.4%的用人单位很介意，65%的用人单位注重毕业生是否实习过、有无相关工作经验；80.5%的单位不愿招聘应届毕业生。由此可看出学生实践能力的重要性。实习实训的实践教学是教学过程中不可或缺的重要环节，也是学生步入社会的必要纽带和桥梁。可事实上，在高校普遍存在实践课时严重短缺或不足的情况，使学生失去了把理论知识应用于

实践的锻炼机会。这是当前大学毕业生工作能力不足的根本原因。

四、教师整体教科研水平与“双师型”素质有待提高

尽管教师队伍结构呈现良好的发展态势，但学科带头人少，缺少知名专家学者，高级职称人数相对较少，多数教师学科专业知识单一，缺乏应用性的相关行业背景知识和实践经验，科研应面向应用性，服务于区域经济社会发展意识有待提高。职称科研现象十分严重，科研促进专业建设、提升教学质量的奖励机制还有待完善。这些都是从事应用型外语专业人才培养的缺憾。

五、人才培养与社会需求严重脱节

人才培养只是孤立地存在于教育体系之中，没能和社会、经济、科技、国家的发展需求挂钩，致使培养的毕业生虽多，但真正能满足社会需求的却很少，这就是造成大批毕业生工作压力大的根本原因。另外，中外合作办学项目虽发展迅速，但和时代的发展对人才的需求速度相比还是滞后的。国际化办学空间有待进一步拓展，深层次、宽领域的国际交流与合作有待进一步提升和加强。综上所述，目前我国地方普通院校外语专业人才培养存在的主要问题集中在：①课程设置不完善；②教学方法有待提高；③重专业规模，轻教学质量和实践环节；④人才培养模式虽多元化，但不科学；⑤倡导以学生为主，但实际多以教师为主；⑥师资队伍建设和教师素质等都有待改革提升。无论从外语各项技能的要求还是求职招聘的角度，外语的实践交际功能日渐突出。以社会对人才需求分析指导课程设置和专业人才培养方案的改革已势在必行。

对复合型外语专业人才培养模式的现状和现存问题进行归纳、分析和总结：学生创新能力和实践能力缺乏；课程设置、实践教学、教学方法、教材建设、校企合作等是人才培养的关键因素，也是高校人才培养模式的核心。芒比提出的需求分析法在实践教学中具有重要作用，以社会对人才需求分析指导人才培养模式的改革势在必行，为下一步应用型外语专业人才培养模式的建构提供参考依据。

第六节　复合型外语专业人才培养模式的建构

人才培养方案是学校教育教学工作的纲领性文件，集中体现国家教育方针、学校办学理念和思想，是实现人才培养目标的总体设计和实施方案，是学校课

程总体安排和教学管理的基本依据，对加强教学管理、保障教学秩序、提高教学质量有重要基础作用。为进一步深化教学改革，要构建突出学校办学定位与特色的本科人才培养体系，提高应用型人才培养质量，根据教育主管部门文件精神，结合院校实际，建构新的应用型本科人才培养方案。

一、培养目标和思想基础

高等学校外语专业外语教学大纲指出，高校外语专业教育目标是培养具有扎实外语语言基础和广博文化知识，能熟练运用外语在外事、教育、经贸、文化、科技、军事部门从事翻译、教学、管理、研究等工作的复合型外语人才。各高校要从自身发展、师资、生源、地域社会与经济发展和市场需求出发，因地制宜、因校制宜，自主确定外语专业的培养模式。转变教育思想、更新教育观念是教育改革实践，更是培养应用型人才的思想基础和先导。

因此，复合型人才培养须突破传统的重知识轻实践，拓宽人才培养领域，加强实践教学，培养既有扎实理论基础，又有较强实践能力；既有求真务实精神，又能解决实际问题的应用型人才。“人才是社会发展第一资源，是社会进步的重要推动力。为更好地发挥人才推动作用，人才的规格须符合社会发展需要。”

人才培养模式建构要遵循高等教育规律，以市场需求为导向，依托地方构建服务于地方经济社会发展的学科专业体系。坚持“地方性、应用性、职业性”的办学定位。围绕对应用型人才知识、能力、素质协调发展的要求，以能力培养为中心，注重学生的认知和实践能力、创新精神培养，使学生的专业知识面广、实践能力强、综合素质高。符合更新人才培养观念的精神。相关文件提出要“更新人才培养观念，创新人才培养模式；注重学思结合，倡导启发式、参与式等多种教学，教学生学会学习；注重学以致用；因人而异、因材施教；树立多样化人才观；尊重个人选择，鼓励个性发展，不拘一格培养社会需要的应用型人才。”胡文仲教授（2009）指出：“尽管试验过程中出现了各种问题，但无论是专门外语院校、理工科大学或综合大学的外语系，都按各自特点摸索出了培养外语人才的做法。”确定人才培养目标，选择应用型或专业方向要有前瞻性，强调需求分析，考虑本地区社会经济发展现状，满足市场经济要求，认真论证制定规划，考虑不同类型院校的差别，因校制宜。

首先，强化学科应用能力。根据高等学校大学外语教学指导委员会发布的《关于外语专业面向21世纪本科教育改革的若干意见》和教育部下发的《大学英语课程教学要求》，以及当前社会对于外语专业学生的需要特点，可以认为现阶段外语教学的实质是给予学生外国语言知识并使之掌握。只有建立在语言应用的基础上，外语教学才具有意义，才能真正发挥外语本身的交际作用。必须全方面提高外语专业学生的素质，必须突破现有外语学科的限制。应该重新思考外语教学的定位，外语教学不再单纯地局限于外语学院本身，而是应扩大到与外语相关的学校内所有学院和专业，丰富学生的知识。让外语语言与专业领域的知识融为一体，根据外语专业的特点，对现有的教学方案重新评估构建，形成以外语学习为基础，以专业学科的技能和知识为补充的完整教学体系，形成课内教学与课外自学相结合，教师引导，学生根据学习的需要、自身的想法和发展目标自行补充的多层次教学体系。

针对外语专业学生当今的就业面广，注意扩大学生的知识和视野维度，更多地从面向社会实践的角度审视外语学习的重要性和实际意义，将学生从原有单纯的外语学习拉入社会实践当中，满足社会对于外语人才的客观需求，深化学生对于外语学习本身的认识。

以外语教学为核心，明确应用学科对于外语人才的要求，以满足社会对于外语专业人才的要求作为教学目标，提高外语专业学生的综合素质。在教学中根据学生的特点，逐步培养学生的主动学习能力、自主观察和分析能力。丰富学生的知识体系，把外语专业的学生培养成为精通本专业外语，熟知一定的专业知识，具有宽阔的社会视野，深厚的人文素养，较强的实践和创新能力的现代外语人才。经过严格的外语教学后，使学生能够在教育、经贸等多个领域就业，扩大外语专业学生的社会就业面。

外语课程教学应引入通识课程内容。通识课程总体上分为人文类和理工类，在此基础上细化课程安排。人文类内容包括日常所必备的法学、心理学、国际关系、政治学等知识。学习此类课程内容并不需要学生拥有专业的知识储备，开设此类课程的出发点是丰富学生的学识，使其掌握基本的理论框架。而理工类则除了理论学习外，还应加入动手实践内容。外语专业的学生长期偏向于理论知识学习，动手能力偏弱，导致经常出现无法正确理解和翻译与工科类相关的实时内容。因此，适当的动手课程可培养外语专业学生具备工学专业学生的身体素质、顽强的意志和奋斗精神，还能引导他们深入地了解可能所接触的工作环境语言的潜在要求，形成严谨的综合分析能力，与自身的语言能力有效地结合，最后融合在学生的个性化知识结构建设中。对于不具备接触条件的专业，教学管理部门可以为学生搭建发展的平台。通过开设新的课程，以选修课的形式引导学生主动接触此类学科的课程，从另外的视角来审视外语的学习过程和方向。

为了更好地实现外语与学科应用能力的培养目标，外语专业的课外实践还要在广度和深度上有突破。包括例行的社会实践，专业实习中都应摆脱单纯定位于外语本身，而是结合知识技能的培养、思维判断能力的形成，为学生提供开放、良好、富有进取性的实践环境。在实践的环境中检验学生的学习效果，学院制定的教学策略，锻炼学生的沟通能力、外语语言知识与专业应用结合的能力，秉承从易到难的原则，逐渐地培养外语专业学生的综合专业素质和现有知识基础上的创新能力。

其次，树立正确的学习理念。要使学生树立学以致用的学习理念。外语教学不单单是外语知识内容的传授，从外语的应用角度出发，外语的学习就是以应用学科为基础，将外语的语言内容覆盖上专业学科内容，实现不同语言群体之间的信息交流。扩大学生课外阅读资料的数量和种类，根据专业的要求和学生的喜好，以学年为单位，确定学生课外阅读书籍的范围，包括从低到高难度的外语专业书籍、中国和外国的著名文学作品、与多个国家的文化有关的经典书籍等。通过阅读练习，把外语和专业知识学习融入学生的知识体系构建中，同时注重对学生自身品格素质的培养。

应用能力的培养可以建立在对学生特点和能力充分调研的前提下。把学生分为较差、一般和成绩突出三类学生。较差的学生则从补强开始，力图在短时间内提高外语专业的知识水平，少量地学习应用学科的内容。而成绩突出且学有余力的学生则可以放手让其根据需要来选择学习的内容范围。任课教师则为其提供技术性的指导和帮助。一般的学生则根据预先制定的大纲统一学习。根据不同层次组建对应的学习团队，采用互动协作形式，给学习团队配备经验丰富、精力旺盛的专职教师，发挥教师的作用，引导学生开展应用能力展示活动，尤其是要引导学生创造性地提出和解决问题，使学生自身的创新意识和实践能力得到有效提升。值得注意的是，要引导学生在实际的工作当中充分体现出自身的外语专业知识价值，思想上体现出中国特色的文化特征和社会主义核心价值观，积极学习他国的先进文化理念，并在原有的教学基础上吸收和加以改进，从而逐步建立符合社会发展潮流的外语教学体系，培养符合中国社会发展需要的人才，从而充分反映出我国人才的意识。

再次，扩宽知识广度。拓宽学生的知识广度已经是外语专业教学改革势在必行的举措。创新人才的条件之一就是对于世界有着足够的认识广度，学生拥有的知识必须在广度上满足社会的需要，这也是满足多样化社会需求的人才具备的重要品质。随着中国与世界交流程度的持续加深，在创新型外语人才培养过程中，要注重帮助学生开阔视野、培养学生的跨文化意识、国际交往能力，以及创新性的国际思维能力；要有一定的国外文化的知识储备，熟悉不同民族的风俗习惯、人文特点，在与其他民族的交流过程中尊重对方的习俗。合理地处理遇到的工作问题，在国际事务处理上，培养学生敏锐的社会观察力、熟练的跨国交流手段、良好的主动思维判断力。在教学过程中让学校的人力资源、学校的体系结构和教师的知识资源都能得到最大化利用。

因此，在培养外语专业学生学习外语语言专业技能的前提下，保证学生品德、心智、身体素质等多个方面的全面发展，尤其是在外语运用较多的相关学科的专业知识上，要有效地扩大学生对于专业知识领域的接触面，拓宽学生对于社会的认知，努力使其成为复合型、实用型的外语人才。加强学生人文素质的培养。教师不仅仅要传授知识，更要培养学生对外语的理解，加深对外语学习本身的认识。人文素质不仅能丰富学生的学识，更是具有健康人生观的人才所必备的精神素质。在与人交往时，尊重对方的信仰和人格，如此，才能在纷繁复杂的社会环境中，将创新素质顺利地转为成果，实现想法到应用的成功转化。

可以采取向国内外的同行学习的教学方式。例如，根据外语专业的特点开展定制培养方式，与一些外语专业需求明显的专业开展联合培养，如机械、电子等应用类专业。还可以聘请外语技能突出，愿意教授应用领域外语知识的教师到外语专业授课，扩大现有外语课程的广度。还可以和有良好交流合作的国外语言学院开展跨国联合培养，采取定期交流的方式，派遣学生到国外的外语学院进行一年到两年的海外学习，进一步深化学生对外语知识的认识，扩大学生的国际视野。根据已有的研究，现在国外语言专业大都采取这种模式，这是非常值得我们借鉴的。

课堂教育与课外教育并举。课堂教育传授知识，课外活动教育则侧重于对理论和知识获取能力的应用、加强和补充。两者综合起来可以培养学生的创新精神和能力，保证人才具备扎实的专业理论基础。要想改革现有的教育模式，就要优化课程体系和知识结构，拓宽知识体系，强化实践教学，坚持理论与实践相结合，培养学生的创新精神和解决实际问题的能力。制定教育计划，定期开展期中、期末考试和评估性质的测试，从分析问题和解决问题的能力方面来考核学生的创新能力，其中实际质量评估应占大多数。能力和素质评估方面，避免学生过于重视书本学习，而忽视实践。

最后，发展外语教学思维。以往外语教学，限于课堂的庞大和知识体系的庞大，刻意追求一种循环往复式的练习，以使学生能够在不断重复地练习和不断地试错过程中完成知识的掌握和能力的养成。外语专业学习要保证一个中心性的概念，即要尽量保持外语知识在强调语言实用性的基础上提高学生学习的动力，提升外语理论学习的能力。教师要最大化地提高学生的学习动力，学生在学习外语知识时通过一个主题教学思路可以统一教学思想，教师的主导价值也得以体现。

加强学生应用性外语的学习。传统的外语教学重心落在了语法和语汇方面，主要进行知识的传授。外语教学大纲强调了语言学习的实践性，强调必须努力培养学生应用语言的能力。超脱了传统应试教育的“考试至上论”，实用外语的要义在于“更多地在符合语言习惯的基础上，复制并习惯性运用正确标准的语言”。

二、培养模式的建构

以下主要从课程体系、教学方法、教学管理三个方面对复合型外语专业人才培养模式进行建构，并以哈尔滨学院为例进行说明。

（一）规范课程体系

制订培养方案是人才培养的关键，人才培养模式的核心是课程设置（王守仁等，2005）。课程体系服务于人才培养目标，培养应用型外语人才的关键是优化课程体系。课程设置直接影响人才培养的效果，不仅有课程、学时、学分问题，还有人才培养观、市场定位、专业建设、教育理念等问题（谈宏慧，2007）。人才培养模式决定课程体系，模块学说是目前国内许多高校外语专业课程体系构建的主要依据。根据课程体系构建基本理论按课程性质和功能将专业课分成若干模块。主要有以下几种：专业技能课程模块＋专业知识课程模块＋相关专业知识课程模块。还有学者认为包括通识课程＋专业课程＋专业知识课程＋相关专业方向课程＋实践课程等（郑玉琪，2006）。模块化课程使学生有较明确合理的知识结构，有较科学的课程设置，有利于应用型人才培养（束定芳，2004）。因为适应市场需求的人才须具备理论与实践的综合知识能力。

课程体系科学规范，合理安排理论和实践教学时数，充分体现理论与实践结合，兼顾系统性、前瞻性和实用性，不断更新教学内容。科学规划、因校制宜地构建外语专业课程体系，特别是理论与实践结合的完整体系，这不仅有利于人才成长，也能增强其适应社会的能力。近年，专业培养目标和专业课程设置是我国外语专业建设和改革持续最长、影响最大的课题（袁彬，2008）。以下是新、旧专业人才培养方案基于专业课程构建的模块说理论，在课程体系、原有传统课程体系进行的改革，对结构和功能进行的优化，使外语人才须具备多专多能的应用意识、方法和技能。面向2013级专业学生开设的课程体系是，平台+模块，即通识教育课程平台+学科专业课程平台+实践课程平台。课程设置分三个阶段：基础、专业、实践教学。理论课体系基于3个平台：公共课程平台、学科（专业）基础课程平台、专业课程平台。除公共课程平台外，学科（专业）基础课程平台和专业课程平台均由相应的课程群支撑构建。学科基础课程群必修类是以综合外语为主体培养语言技能的课程；选修类是学科基础知识拓展类课程，如大学语文、计算机等。专业课程群必修类划分为语言专业技能提高课程（如"高级外语""视听说和口译"与"商务谈判"等）、语言文学类专业知识课程（如"语言学概论""英美文学"等）、其他知识性、综合性语言选修课程（如"旅游外语""经贸外语"等）。相关专业知识课程以商务、贸易、口译等方向的课程为主。这种设计既包含了外语专业课又突出了方向。这种课程体系符合外语专业语言文化之本，突出了理论与实践结合，注重学生人文素质和研究方法的培养，有助于夯实学生专业基础，使其较快适应社会需要。

1. 拓宽专业口径，整合课程资源

注重各类课程协调结合，发挥课程体系整体优势，把课程体系合理、教学内容优化、研究能力强、社会适应面宽作为课程建设的基本指导思想。依托学校多学科性办学优势，以社会对外语人才实际需求为导向，以语言能力和语言技能培养为主线，夯实基础，拓宽口径，突出应用。

2. 摈弃陈旧课程，增设满足社会需求的新课程

合理划分基础、专业、实践课的比例。构建以应用为核心，实用为原则，能力为本位的课程体系，具有科学性、可行性和适应性，把学生的社会适应性和认可度作为课程评价的重要指标。在深化外语语言知识与技能学习和操练的基础上，广泛开展商贸、外事、金融、教育、法律等其他专业知识与技能的学习，注重培养学生理论联系实际的能力和灵活运用外语技能解决相关专业问题的能力，构建"外语+商务""外语+教育""外语+旅游"等分流教育、学科交叉的课程体系，培养既精通外语又掌握相关专业知识，熟悉中西文化差异和国

际惯例的高素质应用型外语人才。

3.“学以致用”的课程内容

课堂教学的作用是：培养学生兴趣、提供合适的语言输入、培养学生的学习策略、为学生的课外学习提供指导。根据开放性和灵活性原则把专业和通识、必修和选修结合，打破学科壁垒，加强课程与课程体系的联系和融合，把多学科交叉知识渗透到课程中，让学生在广泛的领域学习知识的内涵。这符合以杜威为代表的实用主义在教学价值上强调的思维能力、自学能力和基本生活能力的培养，即突出实课程结构和学分方面的调整对比。

4. 倡导科学与人文，理论与实践并重的课程体系

“具有厚实基础知识和人文素养的通识型人才和具备专业技能的复合型人才不是割裂的，要综合考虑功用性和专业性培养适应社会的、具备综合素质的精英人才。”以学生就业为导向，完善“平台 + 模块”课程体系。压缩必修课，增加选修课，大力增加实践教学门数、时长和学分。以建设精品课和重点课为重点，提升教学水平，提高人才培养质量。

5. 教材是教改的重要内容，结合实际需要自编教材

“合理选择和使用教材，不拘泥特定教材，按照教学要求和学生需求，对教材内容大胆取舍，补充大量教材外材料，满足学生学习需要。”该学院教师对教材使用中出现的问题进行了探讨研究，融合了教学经验，对培养学生技能的内容进行了调整，于 2014 年春自行编写完成的《外语教程》现被国内 80 多所高校使用，成为该校建设特色教材的标志性成果。

（二）改革教学方法

外语学院以尊重学生个性发展为前提改革教学方法和手段，探索个性化、多样化教学。结合实际并借鉴经验，鼓励学生开展自主学习和合作学习，培养学生的探究能力和创新精神。

开展合作学习。学生以小组为单位互助互学，激发了学生学习兴趣，给学生提供更多交流和实践机会，保证了学生的自主学习；改善课堂气氛，提升学生成绩；培养学生的合作意识和团队精神，实现课堂效果最大化，被认为是成功的教学模式并得以推广。

“以学生为中心，教师为主导”的多元互动教学模式。哈马切克（Hamachek，

1977）解释人本主义教育含义时认为，“师生产生共鸣是很重要的。教师要把学生作为独立个体去认识，试图设身处地去了解他们对世界的看法，而不是把自己观点强加于学生。”既传授语言知识与技能，又注重语言运用能力、自主学习能力和创新能力的培养。通过针对性教学设计，鼓励学生积极参与课堂，通过增加阅读量，培养语感，带动写作技能。提供更多外语实践平台，“在学中用，在用中学，互相促进”，切实提高学生外语综合应用能力。

强化主干课程，分级教学，推进语言技能训练。提高学生语言技能是应用型外语人才培养的关键。通过“教师指导＋学生自主”方式，调动学生积极性，做好语言技能训练与考核。

从人才市场实际需要出发，增设了专业和跨学科的课程。从2001年起，鉴于学生外语基础参差不齐状况该校采取分班教学形式，保证人才培养基本规格，灵活安排不同班级的授课内容，最大限度满足各类学生学习需求，落实因人而异、因材施教，并取得了可喜的成绩和效果。

构建“1+1+N”第二课堂育人体系并开展网络化教学。以网络技术为支撑，使教学不受时间和地点限制，注重教学实用性、知识性和趣味性相结合，朝着自主式学习方向发展，把“以教师为中心”的课堂教学模式转向现代化教学模式。构建了内容充实、形式多样的“1+1+N”第二课堂育人体系，培养学生专业能力和自主学习能力。倡导学研并进，以教带研、以研促教。三年来，外语学院教师公开发表教研论文32篇，承揽教学研究课题12项，编写教材6部。重视将科研资源转化为教学资源，充实教材和课程内容。提前为学生提供毕业选题和实习基地，为学生尽早参加工作服务。

加强校企合作，实现教学与需求对接，拓展应用性实训基地。聘请企事业用人单位中实践经验丰富的电商、外贸等专家走进课堂，促进合作育人，提高教学效果。该院拥有十几所中学和外语培训机构实习基地；俄语系学生还参加了中国·哈尔滨国际科技成果展览交易会、哈尔滨国际经济贸易洽谈会。前不久和哈尔滨高新技术产品国际采购服务中心达成协议，拓建新的见习实习基地，并在该院成立外语精英俱乐部，定期举办各种实训活动。不定期邀请企事业专家座谈，为如何培养应用型专业人才献计献策，这些举措对培养应用型外语人才有很大的实效性。

（三）加强教学管理

日常教学管理制度是为维护正常教学秩序，使教学过程正常运转而制定的各种规章制度。该院建立了的各种考试、助学、奖学、勤工俭学等制度，并适时修订完善质量标准和教学管理制度。

实行学分制，开设院内选修课，改进考试形式和内容。从 2000 年起该院正式实施学分制，专业课有 1/3 的课程为选修课。根据课程性质和特点，由单一的笔试发展到闭卷、开卷、笔试 + 口试、口试、课程论文、网上考试等。平时成绩占总成绩的比例由原来的 30% 提高到 40%。考试内容中主、客观题比例约 4 ∶ 6，强化学生自主性学习的重要性。

“以考促学、以考促练、以考促教、重在学练结合”的网络化考评模式，鼓励学生“一文凭多证书”，组织安排专业过级考试、商务外语相关资质和等级考试等。以培养学生综合语言运用能力和自主学习能力，在组建题库和试卷库基础上，借助网络设备的智能和交互功能，对部分课程采用网上考试。进行单元、专项技能、分级、期中、期末考试，充分发挥考评在教学中诊断、导引和激励功能，提高学生的学习效率，促进教学质量提升。

完善教学质量监控评价体系。采用形成性评价与终结性评价相结合，传统测评与网络测评相结合，专项评价与学期（年）综合评价相结合，师生自评与师生互评相结合，领导评价与同行评价相结合的形式，明晰质量标准，完善相关规章制度和教学评价制度，完善内部教学质量保证体系。优化教学评价指标和评价方法，注重对学生学习效果和教学资源使用率的考评，完善结果反馈和教学改进机制。

强化文化育人功能。以该校每年举办“外语月”活动为契机，开展如“科技文化艺术节”、“Happy English”大赛、“教师职业技能大赛”、“外研社”杯演讲大赛、诗歌大赛、歌曲大赛、写作竞赛等丰富多彩的学科竞赛活动，使课内外语言实践相结合，激发学生潜能，培养学生的语言综合运用能力。

加强“双师型”师资队伍建设。教师承担着根据大纲要求把教学内容传递给学生的任务，教师队伍素质的高低直接影响教学质量。积极完善教师队伍的优化组合，努力形成“以教带研、以研促教”的良性教学循环。

第三章　“一带一路”背景下跨文化传播基础

跨文化传播是人类传播活动的一项重要内容，它与各种文化信息在时间与空间的流动、共享以及互动过程存在一定的联系，并且涉及各文化背景下的人们进行的信息传播与人际交往，以及各文化要素的扩散、渗透与迁移。跨文化传播与人类社会息息相关。本章重点就跨文化传播基础知识展开论述，涉及文化的内涵、特征与要素，传播的系统与功能，文化与传播的关系，语言的定义与特征，以及“一带一路”语境下跨文化传播的独特问题。

第一节　文化的内涵、特征与要素

本节主要介绍文化的内涵、特征与要素，从而使读者更好地理解并认识文化现象。

一、文化的内涵

文化作为独立的概念是于 17 世纪由德国法学家普芬多夫提出的，同时他给文化下了明确的定义：“文化是人的活动所创造的东西和依赖人和社会而存在的东西的总和。”

此后，很多学者都对文化的界定做出了解释与描述。美国学者阿尔弗雷德·路易·克罗伯与克莱德·克拉克洪（Alfred Louis Kroeber & Clyde Kluckhohn，1952）在《文化：关于概念和定义的评述》一书中，归结了文化的 164 种定义，同时对这些定义进行了梳理，他们认为文化由两层行为模式构成：一种是内隐行为模式，一种是外显行为模式。这两种模式以象征符号来进行传递；传统观念是文化的核心，以由传统观念带来的价值最为突出。文化体系有两种意义：一是可以被视为行为活动的产物，二是对下一步行为活动具有决定作用。

美国学者戴维·波普（David Popenoe）对文化的定义比较全面，他认为文化应该由三个主要元素构成：“符号意义和价值观——这些都用来解释现实和确定好坏、正误标准；规范准则——对在一个特定的社会中人们怎样思维、感觉和行动的解释；物质文化——实际的和人造的物体，它反映了非物质的文化意义。”

二、文化的特征

文化有多种特征，与本书相关的文化的特征主要有以下几个方面。

（一）文化具有传承性

文化具有传承性，是人类进化过程中产生和创造的一种代代相传的习得行为，对个体和社会的生存、适应和发展具有促进意义。也就是说，文化并非人类生来就有的，而是在社会化过程中逐渐习得的，每一个社会人只有依靠特定文化的力量才能生存与发展。

文化作为人的生存方式，具有个人与群体生活的基本职能。在某种意义上，“文化是为人类生命过程提供解释系统，帮助他们对付生存困境的一种集体努力”。

人类对自身生存行为所做的解释，使共同价值体系得以形成。这种共同价值体系的制度化反过来对人们的生存行为起着规范作用，决定他们与自然界进行物质交换的方式，同时对他们在此生存活动中的相互关系进行调整。

（二）文化具有民族性

文化具有民族性特征。文化是特定群体和社会所有成员共同接受和共享的，一般会以民族形式出现，具体通过一个民族使用共同的语言、遵守共同的风俗习惯，其所有成员具有共同的心理素质和性格体现出来。

（三）文化具有稳定性与变化性

文化既是稳定的，又是发展变化的。一般而言，人类的每一种文化都具有保持内部稳定的文化结构，体现为相对稳定的习俗、道德、世界观、价值观等，在面对外部文化冲击时，能确保自身结构保持稳定与平衡。

同时，文化是发展变化的。生产力的发展，新的发明创造、新的观念的出现，政治上的突变，经济的全球化趋势，均能在某种程度上推动文化的发展变化。

（四）文化是一个整合体系

文化是各种要素构成的一个整合体系，体系的各部分在结构层面是互相联结，功能上互相依存的。爱德华·霍尔曾借用信息论和系统论的基本思想，根据人类活动的领域将文化分为十大信息系统：互动、联合、生存、两性、领土、时间、学习、消遣、防卫和利用，每个系统既为其他文化系统所反映，自身也反映其他系统。

此外，他指出，这些系统相互作用，相互影响，所以文化研究者可以将任意一个信息系统作为起点，最后均能呈现一幅完整的文化图景。

三、文化的要素

文化由各种各样的材料构成，这些材料即为文化的要素。具体而言，文化主要包括以下要素：认知体系、规范体系、语言和非语言符号、社会组织与家庭、历史、物质产品、地理环境。

（一）认知体系

认知是人类个体在心理活动下而形成的，具体指“主体赖以获取知识与解决问题的能力”（孙英春，2008）。人类通过认知而对客观世界有所认识，对周围世界的信息进行有选择的收集，同时就客观世界中的刺激做出相应的反应。

认知体系主要包括感知、思维方式、世界观、人生观、价值观等要素。从很大程度上来看，认知系统可被看作一个文化群体成员评价行为和事物的标准。这一标准存在于人的内心，同时通过人的态度与行为得以体现。

认知体系是跨文化传播学重点关注的文化要素之一。对于不同社会文化或民族群体中的人而言，受生活环境与生活经验的影响，其认知也有所不同。

（二）规范体系

规范是历史地形成和固定的人们参与社会活动的共同标准，涉及习俗、道德、法律、制度等。规范对不同文化群体成员的活动方向、方法和式样进行了明确的规定。此外，各种规范之间互相联系、互相渗透、互为补充，对人们的各种社会关系和社会交往活动起着调整的作用。

（三）语言和非语言符号

在人类的社会生活中，人们的交往和沟通均是通过语言符号与非语言符号实现的，在此基础上创造了文化。此外，语言和非语言符号是文化积淀和储存的手段，各个文化要素需要借助语言和非语言符号体现出来，并传承下去。

（四）社会组织与家庭

社会组织是实现社会关系的实体。要确保各种社会关系得以实现和运行，每一种文化必须要构建一些社会组织。具体而言，保证各种社会关系运行的实体包括家庭、生产组织、教育组织、政治组织、娱乐组织等。

其中，家庭是在婚姻、血缘关系或收养关系基础上形成的亲属间的社会组织。家庭是最古老、最基本的一种社会组织。

家庭有助于文化传播，告诉我们世界的样子及我们在世界中的位置：家庭将一个个生物机体转化为社会人，从孩童起传授人最基本的态度、价值观以及行为方式。人与人的一切社会关系与社会交往均是基于家庭而形成与发展的。

（五）历史

历史是理解文化的中介。历史可以作为文化价值、文化理想及文化行为的起源。

历史主要是人类活动的过程与记录。文化是历史的一个重要组成部分。文化特性均能在历史事实中找到答案。进一步说，文化的现实是历史的延续，现实中的文化要素均可在历史中找到其嬗变的轨迹。所以，要对某一文化现象有所理解，既要关注其所涉及的内容，还要对其所形成的历史过程有所理解。

在文化与传播研究领域，"文化"与"历史"两个词一般是可以互换的。其原因在于历史是隐藏在文化深层结构中的要素，各文化都有各自的历史。

（六）物质产品

文化的物质产品是经过人类干涉或改造的自然环境而创造出来的所有物品。建筑物、计算机、汽车等都属于文化的物质产品，它们能体现出文化的价值观、需要、目标和关注所在。

物质产品与其他文化要素息息相关。在物质产品中，"凝聚着人们的观念、智慧、需求和能力，也为人们建立和开展各种社会文化交往，维系各种社会关系的结构、功能和秩序提供了基本的物质依托"。

在中国文化中，四大发明就是重要的物质产品。它们传入欧洲后，为文艺复兴运动和新航路的发现做好了物质与技术层面的准备，而且在一定程度上推动了世界文明和历史的发展进程。

（七）地理环境

自然地理环境对于文化发挥着重要的作用。环境极大地限制了人们的生活，而“任何一种环境在一定程度上总要迫使人们接受一种生活方式”。

例如，就古希腊、罗马而言，它们处于西方文化的源头，濒临海洋，土地较为贫瘠、稀少，物种类型较少，缺乏生活资料，大多从海外换取。这就促使其航海事业较为发达，由此成了商业文化的发源地。受这样的生产方式影响，人们逐渐形成了独立思考、崇尚个性、追求变化与斗争的性格特征。

就中国而言，中国是一个典型的大陆型国家，地理环境较为封闭，多数地区都处于温带，气候适宜，多样化的山脉与河谷、平原环境提供了相当丰富的生活资料，这样的地理环境使中国很早就形成了较为稳定的农业社会结构，与此相适应，中国民族性格主要是勤劳、本分、热爱和平。

第二节 传播的系统与功能

传播是人类生活中最具普遍性、最重要和最复杂的方面。在日常生活中，人们总要与他人进行交流，传递各种信息。传播是指借助符号与媒介来交流信息的一种社会互动过程。在此过程中，人们用各种符号实现信息的交换，逐渐产生共享意义，并运用意义对世界与周围的事物进行阐释。

一、传播系统

传播系统包括信息、编码与译码、媒介、反馈等要素，这些要素相互联系，相互制约，使传播本身具备了鲜明的动态性和结构性特征。

（一）信息

信息是指在特定时间、状态下，向特定的人提供、传递的与特定事实、主题以及事件相关的知识，一般有以下三个特点。

①信息与现实中的事实息息相关，而且借助一定的载体形式得以呈现；

②信息处于流动过程中，被相关的信息接收者所分享；

③信息与环境存在密切的关系，信息是在特定环境下发出的，环境包括社会环境、自然环境、身体状况或心理情况，信息的意义与被理解也与这些环境因素有关。

（二）编码与译码

传播是通过信息编码和译码来赋予意义的一种过程。“编码是通过媒介技术手段把思想、感情、意向等编成别人可以理解的传播符码；译码则是将从外界接收到的传播符码进行破译、赋予意义或进行评价的过程。”

编码与译码往往是约定俗成的，流通于特定的群体与文化中，跨越文化的边界之后，则会出现跨文化传播。

（三）媒介

媒介也可以称为“渠道”“信道”，是传播方式、传播手段或传播工具的具体化。在传播过程中，各种信息的传递均要借助一种或一种以上的媒介。

在跨文化人际传播中，传播媒介一般是人本身——人可以通过自身，接通与他人之间的情感、思想，确立人与世界的关系本质。

随着科学技术的发展，人类传播信息的媒介越来越多样化，效率也有所提高，一种信息往往能借助多种媒介进行传递。

跨文化传播研究主要关注不同文化、国家的传播媒介的差异及文化特色，以及不同文化、国家对同一媒介的运用方式和偏好。

（四）反馈

传播中的反馈指的是信息产生的结果返回到信息发出者的过程。反馈是对传播效果进行检验的主要尺度，对于传播者当前和未来的传播行为具有重要的修正作用。

控制论原理认为，反馈指“把给定信息作用于被控对象所产生的结果再输回来并对信息的再输出产生一定影响的过程”（孙英春，2008）。反馈有正反馈与负反馈之分。正反馈指新的数据库在肯定的意义上转化和简化了最初的数据，使整个系统的数据增长。负反馈指新的数据库推翻了原有的数据，促使系统进行调整。负反馈对于系统平衡与稳定的维持起着重要的作用。

在面对面的人际传播中，若信息接收者对发来的信息不理解，可以立即将不理解的结果返回发送者，发送者对传播中的缺陷做出即时修正，从而在一定程度提高人际传播效率。

在跨文化传播中，彼此之间的文化存在极大的差异，这种情况下，多方面、多渠道的即时反馈更重要。这是因为个体对周围的环境越熟悉，负反馈信息越准确。需要注意的是，如果身处异文化环境时，人们常常感觉无所适从，负反馈功能也往往不能得到正常发挥。

二、传播的功能

关于传播的功能，这里主要介绍以下两种观点。

（一）拉斯卡尔的观点

拉斯卡尔（Harold Lasswell，1948）在《社会传播的结构与功能》一文中，比较早地总结了传播的功能，具体如下。

①监视或提供与环境有关的信息，也就是对现实社会的情况进行准确、客观的反映，对周围世界的原貌与重要发展予以再现，对会对社会及其组成部分的地位产生影响的威胁与机遇予以揭示。

②协调社会各部分的关系，具体是将社会的各个部分、各个环节、各类因素有机组合起来，形成一个整体，从而更好地应对环境变化与挑战。

③传递社会遗产，使社会文化代代相传下去。

（二）施拉姆等学者的观点

施拉姆等学者（1982）在《传播学概论》一书中也对传播的功能进行了描述，认为传播的功能主要包括一般功能、政治功能和经济功能，其具体功能为雷达功能、控制功能、教育功能和娱乐功能。

第三节 文化与传播的关系

关于文化与传播的关系，这里对相关研究进行了总结，主要概括为以下几个方面。

一、文化是代代相传的，传播使文化成为连续的过程

文化是在传播过程中生成、发展、变迁的，传播是形成、保存和发展人类文化的必由之路。只有通过传播，文化才有生机和活力，并不断发展下去。

区域文化的联系在人类早期社会就已存在，相邻部落的联系也一直都存在，而且借助传播而不断扩展开来。后来的历史经验也表明，文化依赖于传播的建构活动，文化的形成和发展一直受传播的影响。在传播过程中，文化中的经验、知识、技术、思想等逐渐发展、丰富，同时进行新的文化创造与积累。

20世纪初期出现的文化社会学理论还认为，文化最初只在一个地方存在，后来经过不断传播而在其他各地逐渐发展起来。

格雷布内尔（Fritz Grabner）等学者将人类各种不同的文化概括为单一的、一次性的现象，用"形式标准"和"数量标准"把相同的文化现象划为某一文化圈。他们认为，任何文化现象在历史上都只是一次性出现的，其他地方相同的文化现象都是此地文化传播后形成的。

在这一思路的影响下，路威（Robert Lowie）在《文明与野蛮》一书中指出，欧洲文明是受到埃及、希腊、印度和中国文化的影响而发展起来的。

二、文化是传播的语境

没有文化的传播和没有传播的文化是不存在的，这主要包括以下两种内涵。

①传播是基于人类生存与发展的需求而产生的，体现于人们的日常生活中，是人类的一种主要生存方式。

②文化具有明显的动态性，文化从一产生就有向外扩展与传播的冲动，文化的传播是文化生存与发展的必然要求。

爱德华·霍尔将文化视作传播。他认为，人类的任何传播都离不开文化，没有传播，也就没有文化，"我们会选择什么样的传播行为在很大程度上取决于我们生长的文化环境。记住，我们并非生来就知如何着装、玩什么玩具、吃什么食物、崇拜什么神明、怎么花钱，或怎么用时间。文化既做先生又当课本，从应该有多少目光接触，到怎么讲清生病的原因，文化在生活中占据主导地位。文化是传播的基础，文化是多样的，传播亦有差异" 。此外，他对文化与人的传播行为之间的重要关系予以了描述，阐明了文化如何在人与外部世界之间设置具有高度选择性的"屏障"，为人们提供了外部世界的结构，使文化以多种形态决定人们该注意哪些方面，不注意哪些方面，同时决定了人们的选择。

总之，文化是传播的结果，所有的文化都是混合而成的，没有哪一种文化是独立单纯的。

三、传播对文化的变迁与整合具有促进作用

文化的变迁指的是世界上的文化均处于不断的发展与变化中，都经历着产生、发展、变化、衰退和再生的过程。而传播是文化变迁最根本的原因。例如，20世纪初中国发生的五四运动和新文化运动，是中国近代社会的一次大规模的

文化变迁，这主要是西方民主和科学思想在中国的传播影响下而形成的。

文化整合与文化变迁相互关联，涵盖各种不同文化的兼容与重组，各文化之间彼此吸收、认同，逐渐趋于一体化。历史经验表明，“彼此的渊源、价值取向、目标定位各异的不同文化的整合过程，是一种不断适应、共同发展、逐渐融合为新的文化体系的过程”（孙英春，2008）。

第四节　语言的定义与特征

语言是人类社会中的特有社会现象，是约定俗成的。那么，什么是语言？语言又具有哪些特征？本节将对此展开论述。

一、语言的定义

语言学家从不同角度对语言的定义进行描述。

惠特尼（Whitney）对于语言的解释为，“语言是人类独有的，是文化的重要组成部分，是获得的能力。语言与其他表达手段的重要区别就是语言需要交际这一直接动因”。

萨丕尔（Sapir，1921）将语言界定为，语言是人们借助随意创造的符号来交流感情、愿望、思想的一种方式。

赵元任指出，“语言是由发音器官发出的，是成系统的一种行为方式，是人与人互通信息的工具”。

王希杰对语言做出的界定为，“语言是一种社会现象，其与其他社会现象有着明显的区别，具体体现在：语言是作为人们交流思想、交际的工具来为人们服务的；语言是作为人们的思维工具来为人们服务的。”

上面提到的语言的定义各有侧重，但是在人类语言的重要特征方面有相同的认识，即“语言是一个具有任意性、用于人类交流的语音符号系统”。

二、语言的特征

语言主要具有以下特征：任意性、二重性、创造性、移位性、文化传承性。

（一）任意性

语言具有任意性，也就是语言符号的形式与意义二者之间不存在自然的联系。

语言的任意性具有不同的层次，主要表现为以下两个方面。

1. 语言音义关系的任意性

人们一般会认为，程度各异的象征词并不属于任意关系。象声词是主要通过模仿自然的声响而形成的词。但是，不同语言在描写同一种声音时使用的是不同的词，如汉语中的狗叫是“汪汪汪”，外语中则用“bow-wow”。可见，人们对象声现象存在一定的误解。任意与象声是可同时发生的。

2. 句法层次的任意性

系统功能语言学家与美国功能语言学家一致认为，语言在句法上是任意的。句法是根据语法构成句子的规则。句子成分是依据一定的规则而排列的，分句的前后次序和事件真实顺序在某种程度上存在对应关系。

（二）二重性

语言的二重性是指“拥有两层结构层次这一特征，上层结构的单位由底层结构的元素构成，同时每一层结构也有各自的构成原则”（Lyons，1982）。

语言有两个层面，也可以称为“两组结构”。语音是话语的组成元素。语言并不传达意义，它的作用是相互组合起来构成具有意义的单位。语音是底层单位，与意义明确、独立的上层单位相对立。上层单位在更高的层面可以通过组合、再组合而形成无数句子。语言的双层性使其使用者可以谈论他们所熟悉的任何事物。二重性只存在于既有元素，又有由元素构成单位的系统中。

人类的语言之所以有巨大的能创性，主要是因为语言具有二重性的特征。只使用为数不多的几个元素就可以创造出各种不同的单位，如一套语音系统能产生大量的词，词又能生成无数句子，句子又能组成无以数计的语篇。

（三）创造性

语言的创造性指“语言的二重性和递归性使语言变得具有无限变化的潜力”。人们借助语言可以表达新的意义。很多例子都证明，词语使用新的方法可产生新意，也可以被首次遇到这一用法的人所理解。从另一角度来看，只有人类的语言具有能产性。尽管动物有其特殊的交际系统，它们通过交际系统来发送或接收数量有限的信息，但这些信息本身并不具有创造性。

语言的创造性部分源自其二重性。由于语言具有二重性，讲话者可以通过对基本的语言单位进行组合，创造出不同的句子。这些句子中有很多都是讲话者从未说过或听过的。

此外，语言的创造性还与语言具有产生无限长的句子的潜力有关。语言的递归性是这种可能性的理论依据。

（四）移位性

语言的移位性指"语言使用者可以用语言来表达不在交际现场（时间和空间上）的物体、事件及概念"（廖美珍，2009）。人类的语言使我们可以谈论已经不存在的事物，也可以谈论尚未出现的事物。

（五）文化传承性

语言可以通过文化进行传承。例如，说外语的人与说汉语的人都可以使用某一种语言，但是受中西文化差异的影响，他们不能理解话语所表达的意思，从这点来讲，语言的传承与文化之之间存在密切的关系。

人从出生就具有了习得语言的能力，但只有经过不断学习以及传授才能掌握语言系统的各种细节，这并不是依靠本领或遗传而传承下来的。

第五节 "一带一路"语境下跨文化传播的独特问题

"一带一路"是中国的大倡议，成功的跨文化传播对中国的"一带一路"建设发挥着非常关键的作用。与此同时，"一带一路"语境下跨文化传播也面临自身的问题。

一、民族文化方面的问题

世界上每一个民族与国家都形成了自身独特的文化，人们的文化背景不同，对事物的认识与角度也有很大的不同。其中会涉及这样一个问题：有的人认为自己所有的文化就是文化的中心，同时以自身的文化作为标准对其他文化加以评判，并以此衡量文化价值的优劣。

实际上，任何文化都有其自身的特色，这与其所处环境与地理位置以及自身发展都有关。在跨文化传播的过程中，不同文化之间要相互交流与沟通，在传播过程中，应采取一种无侵略姿态的温和态度来进行文化形态输出，使文化之间的隔阂与鸿沟得以消除，对文化之间的内涵与差异进行了解，从而促进跨文化传播的发展，更好地实施"一带一路"倡议。

二、传播理念与形式方面的问题

"一带一路"沿线国家具有多元性与复杂性，在物质生活、精神生活等层面都有很大的差异，所以在跨文传播过程中不可避免地会遇到矛盾或冲突。所以，跨文化传播中，要注意提升对我国文化的理解与传播能力，使我国跨文化传播得到进一步增强。

在对外传播的过程中，应坚持这样的理念：宣传中国文化，在国际上树立中国和中国人民的形象。习近平提出"创新对外宣传方式""着力打造融通中外的新概念、新范畴、新表述"，所以，在推动"一带一路"建设的过程中，创新跨文化传播的理念，打造互动、开放、共赢的传播局面十分必要，其具有重要的意义。

当前，我国在对外传播的过程中存在一些问题，如传播模式单一、内容匮乏、观念狭隘等，导致国外人们不能全面、深入地了解中国文化与内容。这就要求在跨文化传播过程中，要注意改变传统的传播模式，与中国文化与理念相融合，结合受众所处的环境来进行传播。

"一带一路"语境下跨文化传播中，对跨媒体传播形式进行创新十分必要，深入当地文化与环境中进行传播成为传播的主要途径。

三、交流方面的问题

"一带一路"沿线涉及很多国家与民族，相关的语言有 40 多种，在这些语言中，有一些小语种，这就给文化的传播与交流带来了不小的障碍。掌握小语种的人数非常有限，人才培养与供需不足，所以即使对"一带一路"沿线国家进行了深入调查与研究，但是沟通方面仍存在很大的限制，无法有效地解决一些根本性问题，也不能全面细致地了解本土文化。所以，为了对这些地区有更深入的认识与了解，有必要培养相应的专家。

第四章　跨文化传播学理论框架建构

跨文化传播学是一个阐释全球社会中不同文化之间社会关系与社会交往活动的知识系统。可以看出，跨文化传播学重点在于研究人与人之间以及个体、群体、组织、社会和国家之间纷繁复杂的社会关系和社会交往，注重对人类的社会系统和传统活动的关注。跨文化传播学研究的主要目的在于解读各种形态迥异的文化和行为体的整体性调适与变迁，说明各个文化和行为体的现实生活及其变动、更新的过程，探究在历史和现实的变动中跨文化传播活动的基本方式和普遍本质。本章将对跨文化传播学理论框架建构进行说明。

第一节　跨文化传播学的发展历程

跨文化传播是个体之间、群体之间、国家之间必不可少的活动，其维系了社会结构和社会系统的动态平衡，将不同地域和国家的人联结起来，推动了人类文明的发展和变迁。作为一种文化观念与策略复合的知识系统，跨文化传播学对于观察和指导不同文化与社会各个层面的文化实践都有不可替代的学术意义，有益于不同文化间的相互理解和宽容，也决定了人类在21世纪的集体命运。

20世纪40年代后期，跨文化传播学在美国兴起，这是第二次世界大战后全球格局变动和美国等西方国家持续全球扩张的结果。此后半个多世纪，跨文化传播研究主要在西方国家得到发展，通过聚合各个人文社会学科的经验和知识，成为一门有独特理论体系和研究旨趣的学科，不仅指向不同文化背景中的个人、群体、组织、国家之间的交往特点和规律，不同文化之间的意义阐释和理解人类文化产生、变迁和分野的进程，还涉及文化与民族心理的差异、跨文化语用研究、文化冲突与解决途径、技术发展对文化的影响、文化的延续和变迁、对传播的控制和管理、文化自立与发展等方面。这些议题的存在和延伸，标明了跨文化传播学的科学性和实践性，也将跨文化传播学的应用空间推进到人类生活的更多领域。

19 世纪中后期，以英国、美国的文化人类学家为先导，西方知识界对人类不同文化的差异及跨文化传播活动的学术研究日益深入。第二次世界大战之后，美国面临着一个现实的问题：如何确保美军能在新近占领的岛屿上与当地居民沟通与合作？由于对这些当地居民的语言和文化一无所知，美国政府邀请了一批以文化人类学家为主力的优秀学者，专门研究这些地区的文化。1946 年，美国国会通过了《外交法令》，决定在国务院下设外事学院，为美国援外技术人员和外交官提供语言和人类学意义的文化培训。一些学者认为，这意味着跨文化传播研究的正式开始。

作为当时美国外事学院聘请的学者之一，爱德华・霍尔的主要工作是为即将到国外工作的美国人进行跨文化培训。霍尔通过调查发现，美国人与他国人民相处时的许多困难，是因美国人“以我们自己的标准与他人交往”引起的，美国形象的不堪也与培训不足以及缺乏了解其他文化的涉外人员有关，为此应致力于考察那些对不同文化成员的交往产生影响的文化因素。1959 年，他在发表了一系列有关跨文化培训的论文之后，出版了《无声的语言》一书，具体勾勒了跨文化传播研究的若干原则：对跨文化传播训练的参与和体验；从对单一文化社会层面的研究转向对跨文化人际交往的研究；重视非语言传播；强调文化无意识；关注传播与文化的关系。《无声的语言》影响十分广泛，而且首次使用了“intercultural communication”一词，很多学者认为该书标志着跨文化传播学在美国的正式诞生。

20 世纪 70 年代，交通和信息技术的快速发展以及世界各国往来的日益频繁，促使文化人类学、语言学、传播学、心理学等学科与跨文化传播研究的理论汇聚，跨文化传播学逐步发展为传播学研究领域的一门独立学科。这一时期，全美传播协会（National Communication Association）与国际传播协会均成立了跨文化传播分会。1974 年，《国际与跨文化传播年刊》创刊。1977 年，《跨文化关系国际杂志》创刊。大批有关跨文化传播的研究和教学著述陆续问世，最有影响的是拉里・萨默瓦（Larry Samovar）等主编的《跨文化传播》一书，这本书成为长期通行的专业教材。至 1977 年，全美有 450 所教育机构开设了相关课程，部分院校开始授予跨文化传播专业的硕士和博士学位。

20 世纪 80 年代，跨文化传播学进一步快速发展，学术研究更为独立，理论范畴和研究方法逐步明晰化和系统化。1989 年，莫利菲・阿森特（Molefi Asante）与威廉・古迪孔斯特（William Gudykunst）主编的《国际与跨文化传播手册》，集中了这一时期的主要研究成果。跨文化传播学在实践领域的重要性也得到了西方知识界的普遍认可，其研究成果进一步被应用到外交、国际贸易和经济管理等领域，美国和一些欧洲国家纷纷成立进行跨文化传播培训的专业机构。

20世纪80年代初，跨文化传播学逐步进入中国学术界的视野，以外语教学和国际关系学领域的学者为主力的中国学者做出了有重大价值的实践探索和学科建设工作。除引入西方著述之外，中国学者有本土特点的专著也不断出现，包括段连城的《对外传播学初探》（1988）、胡文仲主编的《跨文化交际与英语学习》（1988）、关世杰的《跨文化交流学》（1995）、贾玉新主编的《跨文化交际学》（1997）、孙英春的《跨文化传播学导论》（2008年）等。陆续开展的相关研究涉及跨文化传播与外语教学、跨文化传播与对外汉语教学、跨文化传播能力的培养、跨文化传播与翻译、跨文化传播的语用失误、非语言传播、跨文化传播与修辞、经贸领域的跨文化传播等。但总的来看，国内对跨文化传播的研究仍处于起步阶段，对这一学科的基本特征和实践指向缺乏统一的认识，在理论基础、研究目标和方法论等方面仍处于探索之中，对西方跨文化传播研究及相关领域的前沿进展仍缺乏有深度的研究，研究水平更是亟待提高。

但是，现在中国对外、对内的跨文化传播实践日益广泛深入，中国社会文化迅速发展变迁的现实，为跨文化传播学在中国的拓展提供了很好的实践途径。通过与全球社会现实和学术实践同步的努力，建立系统、科学的本土研究范式，回应中国和全球社会的文化变迁与转型，积累和增进有关中国社会、文化的理性认识，必然会使这一学科在中国的发展获得新的意义。

第二节　跨文化传播研究的学科基础

跨文化传播学是由文化人类学、语言学、社会学、心理学等不同学科的学者共同开拓的。自跨文化传播学诞生以来，这些学科既深且广的知识系统一直充任了最为重要的概念、理论和方法来源。跨文化传播学要形成自己完善的研究范式，必须得继续汲取这些学科的知识和经验，并接入这些学科中不断涌现的新的观念和思想。这些学科构成了跨文化传播学最直接的理论来源，对跨文化传播研究的研究方法和研究旨趣都有独特的贡献，也为跨文化传播学与更为广阔的知识系统的交汇提供了无限的空间。本节就对跨文化传播研究的学科基础进行具体探究。

一、人类学

20纪初期至今，以研究人在社会中的行为、习惯、社会组织的起源与发展的人类学，逐渐发展成为不同学科之间理论和方法的桥梁，也与跨文化传播研究建立了直接的、密切的联系。

人类语言学的一个重要核心使命是，在广泛进行实地调查的基础上论述社会人的各种制度、思想和行为模式，揭示社会发展和文化变迁的规律及动力。人类学的理想之一是，探寻人类文化的本质，揭示人类在形成语言、掌握知识、取得共识时表现出的同一心智。人类学为跨文化传播研究提供了不同社会、文化背景下政治、经济、法律、教育、语言、心理等方面的研究范例，以异域社会为调查对象的知识传统，以“人类的整体性”、文化相对主义等认识论为支撑的学术伦理。在人类学的驱动下，跨文化传播学一直在持续关注各个文化的深层结构，以培育自身对人类历史、文化的使命感，努力与人类学同步展现对世界文化逐步深入的认识。自古典人类学开始，人类学家就把人类的心智发展和特质作为影响文化进化的因素来考察。语言人类学提出了语言深层结构影响人类思维和认知的假想；符号人类学通过对符号的形成、意义和关系的研究来理解人类的认知；解释人类学将文化视为一个有系统的意义网络，认为文化系统的意又建立在人与人互动过程中的象征性行动上，强调针对行动的象征意义解读文化的深层结构和内涵。可以说，人类学知识系统提供的这些观念和经验，无一不为跨文化传播研究的发展提供了具有根本意义的启示。

人类学中的重要分支——文化人类学，与跨文化传播学有着最为密切的天然联系。文化人类学主要是研究与人的生物特性相区别的人类社会及其文化，侧重于描述、分析、解释人们的思想与行为方式，以及社会和文化的异同，包括不同文化在习俗、家庭、制度等方面存在的共性与差异。跨文化传播研究的主要目的之一，也是通过探寻“异文化”获得对“本文化”以至全人类文化的理解，从中寻找文化反省、文化对话和文化并存的可能。而这离不开文化人类学在语言与非语言符号，经济、政治组织，亲属与家庭结构，性别关系等方面的学术积累。自20世纪后期以来，包括非西方国家的研究者在内，文化人类学侧重于社会组织、经济观念和过程、政治制度和行为、意识形态等方面的研究，致力于为解决人类社会的现实问题服务，在一些国家的社会与公共政策领域展示了不可忽视的使用价值，也为其他学科深入解剖人类本身、向人类自我复归开拓了新的方向。尤为重要的是，当代文化人类学的学术努力中渗透着对于人类存在与境遇的关怀和“批判与自省”的反思精神，其中也包括对西方知识体系的彻底反思，帮助现代学术研究觉察和摆脱现代性的支配话语，亦为未来人文社会科学的发展开辟了新的思路。

二、社会学与历史学

（一）社会学

社会学主要关注社会结构与社会变迁，面向社会现实问题，其主要任务在于，运用考察和批判分析的方法，从社会整体出发，通过社会关系和社会行为来研究社会的结构、功能以及发生、发展规律。研究对象涉及历史、政治、经济、社会结构、人口变动、民族、城市、乡村、婚姻、信仰、现代化等诸多方面。社会学研究长期以客观性为知识判断标准，摒弃常识经验中的个人“偏见”，追究经验现象背后具有普遍性的社会因素，以“社会学的想象”建构“普遍性”知识，这对其他社会学科产生了深远的影响。

其中，传播学在不同领域的发生发展过程中，大量吸取、借用了社会学的观念、知识和方法，西方学界曾因此把传播学看作社会学的分支，许多影响重大的传播学者本身就是社会学家。跨文化传播研究也从社会学中获益甚多，社会学关于角色和角色关系、社会化、符号互动、社会组织、社会冲突、社会分层等理论，为跨文化传播的研究提供了根基。社会学的学术观念还为跨文化传播研究提供了一个重要启示：社会因素是传播语境的重要组成，只有把跨文化传播置于一定的社会过程之中，即置于人们的社会关系、社会交往活动的相互作用中去分析、研究，才能在现实中把握它的发展、变化。在社会过程中，人们一方面通过文化进行社会交往活动、相互发生作用并形成社会结构，另一方面又对各种文化现象给予认知、理解和界定。

社会秩序和社会变迁是社会学视域中恒久不变的命题，这与跨文化传播学非常相似。这是因为作为人类传播活动的重要组成，跨文化传播促进了人类的社会化进程，在维系社会发展系统的动态平衡的同时，具有重要的维护社会秩序、推进社会变迁的作用。跨文化传播也在不断地改变着社会成员的社会角色、文化认同、社会规范和观念体系，为人类建立了共同的社会规范和交往机制。特别是在全球化的推动下，不同区域的本土社会都处在结构性的变迁中，人类日常生活必须面对的跨文化传播现实也越来越复杂。这里也标明了跨文化传播研究的两个基础概念同样来自社会学的思考：一是规范，即历史地形成和固定的人们参与社会活动的共同标准，规范作为维护社会基本秩序的“文化模式”的构成要素，限定了人与人的关系，也决定着社会成员的共有信念和价值标准；二是认同，认同指导着人们的行动，也影响着人们对他人的期望和对他人行动的预测——跨文化传播过程本身，就是在创造、维持或改变认同的过程。

20世纪中后期，社会学领域出现了“向文化开放”的运动。例如，在针对族群性、地方人口与文化偏好的研究中，一些研究效仿人类学的做法，把量化研究与质性研究结合起来，结合不同民族和地域在文化和历史上的连续性和特殊性，去理解不同社会的结构及其变迁的规律。而对跨文化传播研究而言，还需要特别关注文化社会学。文化社会学的思想基础是马克思、韦伯和涂尔干等人的社会学思考，以及英美文化人类学的研究积累。它致力于以特定的社会学眼光去关注文化的、人为的各种形式和实践，研究视域关联到文化的起源、积累、发展，文化传播控制的方式及手段，文化的冲突、分化、调适与整合，以及文化变迁、文化与现代化等。文化社会学也可以说是对现代社会中出现的“文化化”这一社会现象的一种回应。文化社会学的一些研究与相关的经验，为跨文化传播研究做出了重要的知识贡献。

（二）历史学

作为一门记载和解释人类社会活动进程中的历史事件的学科，历史学对跨化传播研究最重要的启示，就是历史研究的实证精神，即科学研究的展开必须服膺于证据的指导。借鉴历史研究的经验得失，跨文化传播研究在不同文化中发展和发挥效用的前提之一，就在于对历史学提供的历史叙述方法的重视，以及对支配历史叙述的意识形态的反思，使意志服从于事实，判断服从于材料，价值取向服从于历史根据。历史是人类不同社会对过往经历的选择性记忆，也是对未来图景的一种限制性展开。从文化中获取意义，离不开对历史的观念和相关问题的探询，也唯有通过历史解释的帮助，才可能把生活中的互动行为纳入理性的思考。这些观念对跨文化传播研究有着重要的启示，即要理解任何文化现象，不仅要关注其内容，还要理解它形成的历史过程，包括从历史文献的考证中寻找文化传承的线索，以及基于现实问题做跨越时空的意义与影响观察，这些都有益于发现文化传播、习俗变迁、族群移动的规律和动向。例如，要理解当代犹太文化，就须了解犹太人的历史。

在文化与传播研究领域，“文化”与“历史”两个词常常是可以互换的。鉴于历史学与跨文化传播学之间存在的诸多天然联系，有学者曾指出历史研究应当成为跨文化传播研究的一部分。在跨文化传播研究有关文化差异、文化冲突、社会运动、技术影响等命题的思考上，以及深入把握不同社会与文化的变迁历史以及与其他文化互动的过程与内容等方面都需要借鉴历史学理论与方法。重要的是，历史是思想的源泉，对现实的观察和对历史的思考的局限，都必然导致思想的浅薄与贫乏。

三、符号学、语言学与心理学

（一）符号学

作为研究符号的本质及其运作规律的科学，符号学与跨文化传播学的结合不但是必要的，也是必然的。这是因为，作为一种基本的人类现象，符号现象与社会历史和文化的发展变化直接相关，呈现了人的活动所产生的与世界融为一体的统一图像。在符号学的视域下，跨文化传播研究所关注的人类在社会生活中的关系与交往，实质就是符号意义的生成与传递——符号的介入使人际交往和社会交往变成了现实，如果没有符号形式的支配，人际和社会交往就不可能发生。文化就是一种包含在符号之中的历史遗传的意义模式，一套以符号形式表达的、传承下来的概念系统。正是通过符号，人们得以交流、巩固和发展他们关于生活的知识以及对于生活的态度。进一步而言，文化之所以是世代相传的，是因为人有创造符号的能力，能够在个体与个体、群体与群体以及一代一代的人们之间学习并传递文化。由此也可以说，人类创造符号以及符号互动的能力和范围，呈现了人类社会和文化的本质特征。

自 20 世纪四五十年代以来，当代符号学运动不断深入，符号学方法论的生命力和解释力也充分显现在语言学、文学、社会心理学等领域。受到这一潮流的影响，跨文化传播研究开始注重从符号学的视角去看待和分析诸如语言、非语言符号、历史、艺术和科学等人类文化现象。与跨文化传播研究相似的是，符号学方法的立足点也在于通过符号强调和表达人与世界的关系，关注的基本问题如符号的性质、符号的功能、意义理论、人类思维的符号化特征、符号与思维的关系、符号与人本身的关系、人类符号互动的能力等，都与跨文化传播研究有着直接关联。可以看出，对符号的深入研究将进一步增强人们对文化、世界乃至人自身的认识。符号学领域中文化符号学和跨文化符号学等新的分支学科的陆续兴起，也将为跨文化传播研究的基本路径、方法论革新等提供新的经验。

（二）语言学

语言学是一门研究人类语言的本质、结构和发展规律的科学。在文化与传播研究的视域下，语言是人类特有的交往方式，语言能力反映了不同文化的心智能力，在某些方面，语言研究往往能够比其他学科更接近人类的本质。在21世纪多中心、多元化的世界格局中，语言学仍将是多中心、多元化的。将语言事实与民族文化、思维方式等联系起来进行整体考察，是各个语言学分支的共同需要和共同发展趋势。语言深深地烙下了文化的痕迹，语言差异本身就反映了不同文化乃至社会之间差异的本质。

跨文化传播研究也深受语言学的影响，即重视语言与社会人的关系，强调语言是一种社会现象，人们创造和运用语言的行为是一种社会行为，并对人们的社会关系不断产生着重要影响。

（三）心理学

心理学研究的是心理事实、规律和机制，主要目标是通过心理分析来解释和预测人的行为和活动。在心理学的视域下，文化是个体具有某种共性的一种心理程序，决定了个体的认知、情感、需要与态度，进而决定了人们的行为模式。由此而言，离开对心理因素的分析，对跨文化传播这一动态多变过程的研究必然是不完整的。关世杰指出，为探索文化与感知形成、文化与选择信息、文化与理解信息、文化与不同文化群体的人的思维特点的关系、跨文化传播对个人和群体心理的影响等问题，离不开心理学的方法。

自心理学创建以来，心理学家的工作就集中于确立个体心理与个体行为的因果关系，揭露心理现象遵循的规律，确定心理活动的机制和人类心理活动的共性，特别是对个体行为的心理分析以及个体与整个社会环境关系的探索。心理学的这些成果和经验为跨文化传播研究在相关议题上的思考提供了必要的检验机制。此外，普通心理学对于跨文化传播中文化和认知之间的关系及其在传播中的作用，社会心理学所展示的关于信息破译过程，文化与语言、思维方式的关系，行为的知觉过程等问题的看法，都对跨文化传播学产生了基础性的影响。

近年来兴起的本土心理学还有一个核心主张：以本土的研究者来研究本土的人们，并努力避免权力与知识的支配关系所导致的认知方式和意识形态的偏见，逐步发展一种对本土民众的心理活动更有解释力的理论。本土心理学的主要目标是获得一种可解释本土民众的心理与行为的"本土性契合"理论。基于本土心理学既有的经验，当前跨文化传播本土研究也在探究一种贴近“本土性契合”目标的问题视域、研究框架和学术观念，并在不断的反思和解构中，寻求接近不同文化本土实际的科学判断。

第三节　跨文化传播研究领域的理论研究

所谓理论，提供的是相互间有逻辑联系的概念和命题，是具备一定“普适性”的解释机制，帮助研究者预测、解释和控制相关的现象和行为。自 20 世纪 50 年代至今，跨文化传播研究使用的理论颇为庞杂，大致包含三个方面：文化传播与文化差异理论，聚焦于传播网络的跨群体、跨文化传播理论，跨文化调整与适应理论。

一、文化传播与文化差异理论

关于文化与传播的关系的理论，较有代表性的有传播与文化的建构理论、意义的协同管理理论等。有关解释传播过程中文化差异的理论，主要包括面子—协商理论、会话制约理论和预期违背理论等。

1988 年，詹姆斯・阿普尔盖特（James Applegate）等把传播与文化的概念引入建构主义理论，发展出了传播与文化的建构理论，研究核心是文化与传播的关系。建构主义理论的核心假设包括：理论应当具备解释力，必须对日常互动进行密集、详细的考察，必须做出价值判断，应当在理论与针对实践的培训之间建立密切的关系等。

1988 年，通过考察文化在意义的协同管理中扮演的角色，巴尼特・皮尔斯（Barnett Pearce）等提出了意义的协同管理理论。这一理论主要有三个目标：第一，尝试去理解；第二，在承认文化异质性的同时，寻求不同文化的可比性；第三，寻求对包括研究者自身在内的各种文化实践的启发性评论。这一理论的核心观点在于：所有的传播都是各不相同的，也是社会的；人类传播天生就是不完美的，道德秩序是传播的组成部分；对于传播过程中信息的传递与对信息的解释而言，多样性至关重要。就实质而言，意义的协同管理理论也是一种规则理论，阐明了人们如何以规则为基础来进行阐释和活动。根据这一理论，所有规则都是在一定的语境内发生作用的——语境是阐释和行动的参考框架，一个语境通常嵌入另一个语境，每一个语境都是更大的语境的组成部分。总之，要理解传播活动，必须要把握个体以规则为基础对其传播活动的阐释，这一阐释与语境本身密不可分。

此外，意义的协同管理理论还指出：人们可以在互不了解的情况下取得令各方满意的、近乎完美的协同。换言之，传播各方可以运用对各方都合乎逻辑的方式来组织他们的行为，与此同时，传播各方对意义可以有不同的理解。例如，演讲者和听众之间可以达到很好的协同，演讲者热情洋溢，听众反响热烈，双方都感到满意，演讲者认为自己影响和说服了听众，听众也感到愉悦。不过，用不了几个小时，听众就会忘记演说的内容。

面子—协商理论对由东西方文化造成的传播差异提供了独特的解释，其核心观点是，文化的规范和价值观影响并改变着文化成员如何管理自己的面子以及如何面对冲突的情境。这里的“面子”是指，在他人在场的情况下一个人的自我形象，意味着个体在自身文化许可的范围内以任何方式获得的良好的自我感觉。1955 年，欧文·戈夫曼（Erving Goffman）提出了面子行为理论，认为人际交往涉及面子，一个人要想自己不丢面子，最好的办法就是不去伤害他人的面子，当面子受到威胁，人们也会采取“面子行为”以求保全。1985 年，在面子行为理论的基础上，丁允珠（Stella Ting-Toomey）通过冲突研究提出了面子—协商理论，对个人主义和集体主义文化造成的传播差异做出了解释，其核心观点是，价值观影响了不同文化成员对面子和冲突情景的处置方式。

丁允珠认为，面子是由参与传播的双方共同决定的，在发生冲突的情境中，个人主义成员与集体主义成员不同：前者更关心的是保全自我的面子，后者更关心的是保全双方或他人的面子。在面临可能发生冲突的传播情境时，个人主义者会更多地进行直接的个人攻击，也会通过向个人表示尊敬来保住或者重建自己或者别人的面子，关注的是解决问题或平息冲突。相比之下，集体主义者较少进行个人攻击，更为关注的是回避矛盾和巩固关系。总之，根据这一理论，冲突的实质就是个体原有的认同或面子受到威胁或质疑时的一种“面子—协商”过程，涉及一整套操作程序，包括面子策略的实施、语言和非语言的动作、自我表现行为、印象管理互动等。

根据爱德华·霍尔提出的“高—低语境”理论丁允珠把面子分为消极、积极两种，认为低语境文化追求的是“消极面子”，高语境文化追求的是“积极面子”。“消极面子”包括：“挽回面子”——要求自我的自由、空间，避免他人影响自我的独立；“留面子”——表现出对他人的自由、空间和某种孤僻的尊重。“挽回面子”和“留面子”的主要作用是维护自我最起码的尊严，但不具有对他人的控制和支配作用。“积极面子”包括：“要面子”——认为面子有极高的价值，因为人们生活在群体当中，有被接纳、保护和包容的要求；“给面子”——鼓励、支持并满足人们对被包容、接纳和承认的需要。

会话制约理论的核心假设是，人际会话是目标导向的，需要传播者之间的相互协作。在 1993 年提出这一理论之初，金明善（Ming Sun Kim）把会话受到的制约分为两种情况：社会关系制约、任务导向制约。所谓社会关系制约，是把对话的重点落实在关心他人上，避免伤害听者的感情同时尽量避免把意见强加给听者。所谓任务导向制约，就是强调透明度，即信息被清晰传播的程度。

此外，会话制约理论还解释了不同文化在传播策略选择上的差异：在追求目标的过程中，集体主义文化的成员常常认为维护面子的行为更为重要；相比之下，个体主义文化的成员更加重视透明度。

二、聚焦于传播网络的跨群体、跨文化传播理论

各种聚焦于传播网络的跨群体、跨文化传播理论关注的是人们在群体 / 社会中所处的位置及相互间的社会关系，而不是信仰或规范，也不是静止的、与外界壁垒分明的群体本身。相关理论有网络与外群体传播能力理论、文化内与跨文化网络理论、跨文化工作组有效传播理论等。

1986 年，金英润（Young Yun Kim）提出了网络与外群体传播能力理论，这一理论的目标在于：运用个人网络的概念来解释外群体传播能力。金英润指出，个人网络反映了个体之间的诸多关联，其重要特点之一就是自我会有意或无意地依赖这一网络的其他成员去感知和解释他人特征与行为。他指出，与外群体成员保持频繁的接触和密切关系，有利于提高外群体传播能力。

1988 年，廉俊玉（June Ock Yum）提出了文化内与跨文化网络理论，这一理论用于分析个体的文化内网络与跨文化网络的异同。为发展这一理论，廉俊玉提出了一个核心假设：相比文化内部的行为，不同文化之间的行为具有更多的变化。通过对这一假设的论证，她提出了六个命题。第一，跨文化网络是放射状的，个体与他人连接，但他人之间并不互相关联；文化内网络是相互连接的，个体联系着他人，他人之间也相互关联。第二，与跨文化网络相比，文化内网络更为稠密。第三，与跨文化网络相比，文化内网络是一种复合的、信息多重传输的网络。第四，跨文化网络中的各种人际关联，是弱关联而非强关联。第五，与文化内网络相比，联络人与“桥梁”的角色在跨文化网络中更为显著，在保持网络畅通方面也具有更重要的地位。第六，在跨文化网络中，“传递性”的作用要比在文化内网络中小得多。

20世纪80年代后期，随着全球化和市场经济带动人口结构和工作环境的变化，跨文化工作组有效传播理论随之提出并得到了发展。这一理论主要针对的是跨国公司、全球性商业组织以及合资企业等内部文化多元的工作团队的内部互动与合作，目的是揭示文化和文化多样性如何影响组织内传播过程，以及这一过程如何对工作效率产生影响。该理论的主要假设包括：第一，跨文化工作组是一个包含投入、过程、产出的系统，该系统受到工作组所处的特定背景——客观环境、组织结构、文化状况和既定任务等因素的影响，每个因素都会引导和制约组织成员之间的互动行为；第二，文化影响传播行为，组织成员的文化价值观、自我建构、多元文化背景不仅影响个体成员的行为，同时也会影响整个工作组的集体行为；第三，个体成员积极参与组织互动，了解更多的决策共识以及与其他成员相互尊重的沟通方法，均为良好的组织内传播行为，与此同时，个体成员的行为亦会受到生产效率和组织凝聚力两方面的影响。跨文化工作组有效传播理论还有一个提示：传播是工作组效率得以提升的重要原因，为组织成员提供相关的传播培训势在必行。同时，跨文化工作组的领导者应帮助组织成员通过对话建立相互间的协作和共识，并对组织内传播的过程进行跟踪，对有效和无效的传播行为及时做出反应。

三、跨文化调整与适应理论

跨文化调整与适应理论侧重于传播活动的参与者彼此之间的相互调整或适应，主要有跨文化适应理论、传播调整理论。这些理论在20世纪80年代的陆续出现，表明在全球化逐步深入的情势下，差异与调整仍是跨文化传播理论的核心议题。

1983年，休伯•埃林斯沃斯（Huber Ellingsworth）提出了跨文化适应理论，该理论的主要目标是解释传播者在“与目标相关的相遇”中是如何相互适应的。埃林斯沃斯认为，所有的传播活动都会涉及不同程度的文化差异，为此对跨文化传播活动的解释应从人际传播入手，同时要纳入相关的文化要素来进行考察。埃林斯沃斯还指出，功能性的适应传播以及适应过程中的公平，有利于传播过程的完成；非功能性的适应传播，则会激发文化差异并延缓任务的完成；在适应传播的过程中，当传播者之间不得不相互合作时，公平就实现了。他还指出，适当地运用一些说服策略有利于适应传播，再者传播者的适应性行为越多，其文化信仰的变化也就越大。

传播调整理论所关注的是特定社会语境中人们传播行为的变化及其心理动

机。20 世纪 70 年代，为揭示社会语境中语言的变化特别是口音易变性，霍华德·贾尔斯（Howard Giles）等提出了会话调整理论，用于考察人们在交往过程中使用“趋同”“分化”等会话策略的心理动机。根据这一理论，在与他人互动的过程中，说话者会运用“趋同”或“分化”的语言策略，用以缩小或拉大传播的距离。1987 年，贾尔斯在会话调整理论的基础上提出了传播调整理论，立足于语言、认同和语境之间的关系，通过评价语言、非语言等行为来理解不同群体和人之间的互动。核心观点是，互动中的人们通过使用不同的会话和行为策略来显示自己的态度，还会运用这些策略来获取听话人的赞同、好感，或用以彰显认同的独特性。此外，这些会话和行为策略的使用与变化，不仅与传播者的动机有关，还会受到传播者的认同以及传播所处的社会历史语境的影响。

第四节　跨文化传播研究的方法

科学研究的价值不取决于研究对象，而取决于研究方法。在科研实践中，研究方法往往比结论更重要，结论是对多种可能的一种选择，方法则是创造不同选择。下面将对跨文化传播研究的方法进行总结分析。

一、民族志：田野工作与文本写作

民族志也被称为“文化阐释”，是对某一文化群体进行的观察和描述。民族志通常包括两个紧密相关的过程：一是实地的田野工作，二是经验材料的表述，即民族志文本的书写。跨文化传播总是发生在特定的社会、文化及相关的语境中，发现、描述文化的事实与传播特征是相关研究的核心工作，而民族志方法的田野工作和文本书写，能够以具体、鲜活、整体的方式呈现文化的事实，也利于描述、说明、诠释传播实践。

田野工作是人类学家获取研究资料和建立通则的基本途径，也是人类学不同领域彼此认同的标志。田野工作发源于西方学者对世界其他区域残存的“原始”文化的兴趣，通常是由经过专门训练的研究者亲自进入某一社区，通过参与观察、个别访谈、住居体验、文物文献搜集等方式获得第一手研究资料。田野工作方法的较早倡导者包括马林诺夫斯基和博厄斯等，目标是进入异域，持续观察不同文化的日常生活，去寻求对他者的文化理解，同时修正西方学界有关人类社会的知识框架。马林诺夫斯基提出的田野工作三原则是，必须树立真正的科学目标，了解各种评价当代民族志的标准；必须单独生活在本地人当中，以创造良好的工作条件；必须运用各种收集资料、利用资料和关注物证的特殊方法。20 世纪初期，田野工作渐为其他众多学科借用。罗伯特·帕克等社会学家将此方法用于美国都市社会研究，奠定了芝加哥学派在学术界的地位；田野工作被引入历史学领域，则推动了社会史学的兴起与发展。

田野工作秉承了实证主义精神，也蕴含着人文主义的内在诉求。田野工作中的实证主义精神，体现为强调研究者的现场观察，依赖自我与他者的距离来追求客观、准确的观察，从个案本身的独特性出发获得对多样性本身及其存在逻辑的追求，但通常不受样本规模等的限制。研究工作通常要选取具有文化反差意义的田野工作点，将观察者和被观察者的文化场景分离，以实现对遥远的“他者”的关注，同时，有意识地避免偏见和自身认识的局限性，尽量获取全面、真实的情况。田野工作的人文精神则表现为，以富有人文色彩的研究问题引导田野工作，重视研究者与被研究者之间对文化互动与意义互构的内省和反思，其中也包括重视研究者描述性的叙述和个人体验。

民族志文本的书写，是建立在田野工作基础上的对特定族群及其文化的描述，用以理解和解释研究对象。通常，民族志文本需要描述族群的历史和地理环境，亲属制度模式，象征、政治、经济、教育或社会体系，以及目标文化和主流文化之间的连接程度等。一些民族志还需使用一系列图表，去记录部落组织及其文化构成的全貌，提供对民族志叙事、特殊叙事、典型说法、风俗项目等的说明。有必要强调的是，民族志的方法论基础是整体论，是不可化约的、有独立自主性的社会事实，把微小而全面的小范围人群研究作为研究大范围人群的参照。对民族志的描述，既要体现出文本从资料搜集至结构成章的基本过程与思路，更要体现出研究对象是“如何成形的”这一整体过程。

对研究对象所处的社会整体和文化全貌做出细部刻画并搜集尽可能多的相关资料，包括其背后的背景知识，是民族志工作的本质，也是研究者“看家本领”的体现。对细节的关注，往往也是评估田野工作质量的重要标准，许多没有被记录未被充分意识到重要性的事件对于理解文化往往有着极为关键的意义。

20 世纪 80 年代后期以来，因受到后现代主义思潮的影响，人类学领域出现了影响深远的“写文化”论争，核心问题是民族志写作中的修辞、叙事的政治态度和策略等，对传统民族志提出了挑战，代表论著包括《写文化》与《作为文化批评的人类学》。“写文化”论争是人类学思潮的一个分水岭，使人类学学者更深刻地认识到了文化表述的场景性和虚构性，从对所谓客观的、神圣的民族志文本的批判和反思，延伸到对民族志文本的作者、研究对象和读者的角色、地位等的剖析，把传统人类学通过田野工作建构的权威放在了被质疑的位置上：质疑权威尤其是西方白种男性的权威，质疑宣称能得到完全代表真理的知识的科学主义，质疑集体意识的存在。

“写文化”争论的影响遍及人文社会学科，引起了对现代西方知识生产过程的全面批评，特别是世界权力格局对学术研究和写作的影响——民族志并不是超然的科学，而是深深地嵌入现实政治，是西方殖民统治体系的一部分。民族志学者不可避免地处于一个个权力场中，而权力的不平等直接导致西方学者在文化表述中缺乏对被研究者应有的尊重。由于“写文化”论争重新审视了早期田野工作的开展、学术文本的建构以及研究者的政治角色等问题，在人类学的内外都产生了相当大的影响，亦使民族志研究的重点从外显的文化实践转向内隐的文化阐释，或者说，从客观的行动转向主观的意义，从“客位”的民族志描述转向“主位”的文化体验与情感。

21 世纪以来，一些中国学者倡导进行系统、有规律的海外民族志研究，即不局限于本国，而是以整个世界为实地调查对象的田野工作，由此产生关于他人世界与自身社会的新知识，寻找一种观察、理解和表述西方社会的思路。这一努力，既是中国与世界的关系进入一种新格局的反映，也标志着中国知识界开始从中国社会的知识需求出发，立足于自己的社会与文化视野，开展作为独立的学术主体的知识生产。可以确信，海外民族志积极探索的“表述外部社会”的知识生产方式，及其积累的有关外部世界的事实和知识必定有助于跨文化传播本土研究的学理进步。

20 世纪 90 年代以来，针对互联网及相关社会文化现象，一些研究者在对传统的民族志方法予以调整和改进的基础上，将互联网作为新的研究田野和工具，提出了一种致力于理解互联网及相关现象的方法：虚拟民族志，即以网络虚拟环境作为主要的研究背景和环境，研究者积极参与到网络空间的群体中，利用互联网的表达平台和互动工具来收集资料，以探究和阐释互联网及相关的社会文化现象，也使田野工作从地理意义上的空间发展到网络虚拟空间。与传统的民族志不同，网络环境使研究者主要采用在线访谈和“潜伏”等方式来开展调查。重要的是，研究者并不局限于网上的观察和互动，还需返回到现实生活，或联络到现实中的个人进行面对面的深入访谈，或在虚拟社区赖以存在的地理意义上的社区进行田野工作。综合来看，相对于传统民族志，虚拟民族志呈现出更强的复杂性，也面临学术伦理等层面的讨论和修正。

二、跨文化比较

作为文化人类学的基本研究方法，跨文化比较被广泛应用于社会学、心理学、民俗学、语言学、文学等领域，也是跨文化传播学术领域常用的研究方法之一。

跨文化比较作为研究方法的主要特征，是通过对在不同文化中获得的资料进行比较分析、验证假设，从文化现象的差异和独特性中，找出不同文化所具有的共同要素，以及文化中内含的某种规律或通则。进一步说，跨文化比较并不单独观照单一的社会或文化的某一方面，而是力求避免单一环境狭窄范围的界限，在更广阔的视野中寻找社会文化变迁的由来及科学解说，为研究者深刻把握人类行为提供可能。

在古希腊时代，一些学者就运用比较方法展开对希腊与波斯的社会与文化研究。19 世纪的孟德斯鸠、孔德等也通过比较来确定和解释社会间的差异和共性。孔德还指出，比较方法作为实证科学的基础工具，可用来发现人类最基本的法则——进化法则。洪堡特在 1836 年出版的《论语言结构的差异对人类精神发展的影响》，通过对人类语言结构的比较去探究不同的语言对人类精神发展的影响，不仅对后来的语言学研究有深远影响，也是了解早期人类学及其比较研究的历史的重要典籍。爱德华•泰勒在 1888 年发表的《制度发展的一种调查方法》一文，以多达 350 个民族单位的资料为基础，对社会制度各要素之间的相关关系进行了分析，被认为是运用跨文化比较方法的早期代表。博厄斯在 1928 年出版的《人类学与现代生活》中指出，比较研究不能局限于仅仅比较发展的结果，还必须比较发展的过程。在他的影响下，玛格丽特•米德在 1935 年出版的《三个原始部落的性别与气质》，对新几内亚三个不同部落的社会结构、生活方式和性别角色等方面进行了比较研究。

半个多世纪以来，中国学者的一些研究实践证明了针对中国与其他文化的比较研究，有助于深度探寻中国与西方等不同文化之间互动、参照与发展的历程。20 世纪 40 年代，许娘光出版的《中国人与美国人》在婚姻、政治、经济体制及观念等几个方面进行中美比较，并提出：美国人看重自我依赖的“个体中心”，中国人的生活方式则看重相互依赖的“情境中心”。同期，费孝通出版的《被土地束缚的中国》选择了地处中国沿海地区的江村和云南内地的禄村、易村和玉村进行比较，通过社区调查逐步接近、认识社会的全貌，最终提出了有关中国土地制度的理论，并形成了有关中国社会结构的基本框架。

三、话语分析

话语分析源自20世纪中后期西方语言学界面向符号和言语活动的研究，主要特点在于：探究话语和语境的关系，把握话语中隐含的观念结构、意义、认知和记忆，发掘其背后的价值立场、意识形态、权力关系以及思维方式，同时，考察参与话语活动的主体与社会事实之间的互动关系，因来自不同理论、有不同学科立场，有关话语的定义差异甚多。

在语言学的视域下，话语主要是指社会互动过程中呈现的丰富和复杂的语言和言语方式，包括口头语言、书面语言及两者的延伸部分。话语的物化形态，通常是大于句子的、连续的语言交际单位，“文本”是话语的一个向度，也是关于事物、事件或现象的叙事——叙事是基本单位，对话是根本条件。在语言学研究看来，话语构成了社会生活的主要甚至是核心部分，日常生活多是通过语言生活实现的，日常会话、大众传媒、商务谈判、法律文件、文学作品等，都在话语的范畴之内——具有特定的意图、主观意向或特定的目标，反映着人们对世界的理解和表达方式，并受到传者、受众、文本、语境、传播方式等诸多要素的制约。

1952年，泽利格•哈里斯（Zellig Harri）发表《话语分析》一文时，将话语分析的重心还放在语言文本上。其后，话语分析持续受到理论语言学、结构主义语言学、语用学等语言学分支的影响，还从社会学、人类学、心理学、哲学、人类学等学科吸收了经验，不再把语言仅看作研究者反映客观世界、表达思想的中介或工具，而是把语言当作研究对象本身；不是假设研究对象的叙事反映了什么事实，而是分析在不同的语境中为什么会有不同的叙事以及这些叙事被建构的过程和效果。

在语言学话语分析的实践中，主要秉持三个基本观念：第一，说话者会受到特定语境的影响；第二，说话者会有策略地运用语言以达到自身的目的；第三，有策略地生成或理解语言活动，受到特定文化的一定影响。话语分析对话语与语境关系的重视，也体现了质性研究重视语言的理念：语言不只是反映世界事物与表达主观认识的媒介，也是构成社会活动或社会现象的主要因素；话语的意义是在历史和文化中生成的，并随着历史的变化而改变。

从20世纪60年代后期开始，建构主义思潮兴起，主张解构传统的经验研究模式，提倡新的、多元的方法论或认识论，认为人们获取的一切知识并不是对客观“实在”的反映，而是与社会和文化因素密切相关的建构之物——人们对社会事物的认识，不是取决于经验有效性，而是取决于社会行动过程，如沟通、磋商、话语等。在建构主义的影响下，话语分析开始强调把语言过程和社会现实联系起来，将话语置于特定的社会关系中，考察语言含义、认同建构和权力之间的关联。

之后，不同领域的研究者进一步认识到：语言使用中发生的变化是与广泛的社会文化过程联系在一起的，社会的一切运作都离不开话语及由话语形成的文本。在经历了跨学科发展之后，话语分析已从语言学进入关注文化与社会现实的不同学科，社会学、人类学、文化研究、传播学、政治学等诸多学科都在积极尝试这一方法，把话语分析应用于社会、文化乃至制度过程等领域，研究主题越来越丰富、呈现出跨学科和多样化的特点。知识界对话语分析的实践优势与长处也达成了一些共识，包括话语分析具备微观技术分析的科学性，也具备宏观社会文化剖析的人文特点，有可能对以往的许多研究做出补充，揭示这些研究中被遮蔽和忽略的层面。

对跨文化传播研究而言，由于不同的话语对应不同的族群、知识、权力关系和意识形态，不同的文化、族群及其成员也都是由话语建构并受话语约束的。借由话语的生产、诠释机制及其与社会的关系，可以解释跨文化传播研究所涉及的诸多议题，包括不同文化内部的社会关系、社会认同的建构机制等。话语并非来自真空，是通过它所嵌入的文化群体和复杂的社会结构之间的相互作用而产生的。处于跨文化交往中的种种话语，是分析文化与社会现实的构建和变动趋势的重要途径。研究者需要在互动中探索话语的本质，特别是考察话语在各种交往语境和场域中的意义表达，及其如何建构社会现实、社会关系、社会地位等。

近年来，中国学者在话语分析的应用方面展开了积极探索，积累的经验有待跨文化传播本土研究的关注。其中，施旭提出了建立"当代中国话语研究范式的构想"，即将中华文化话语作为东方话语中有个性的一部分，考察其与西方话语的复杂联系和本质区别，以厘清各自特殊的世界观和思维模式，及特有的意义生成和解析的策略。

总体而言，对跨文化传播进行探究，首先要了解跨文化传播学理论的框架建构，即认识跨文化传播学的发展历史，了解跨文化传播学的学科基础，把握跨文化传播研究领域的理论，掌握跨文化传播学研究的方法。

第五章　跨文化传播的根源：文化差异与文化包容

对文化差异与文化包容的关注，是跨文化传播的根源以及立足点。跨文化传播学的学科本质与存在的意义在于，通过对人类文化差异的研究，获得对人类生活的时代与社会的理解与把握，从而最大限度地克服文化差异，实现文化包容。也就是说，当前文化差异与文化包容研究的重要性更加凸显，是跨文化传播中不可忽视与不可回避的问题。因此，本章就对与这两点相关的内容展开分析。

第一节　文化差异与文化包容

如前所述，文化差异是跨文化传播的根源，而正是文化差异的存在，不可避免地会引起文化冲突，影响不同文化间的和谐。基于此，必然需要对不同文化进行包容。作为第一节，首先对文化差异、文化包容这两个概念进行分析。

一、文化差异

如同人类自身的存在一样，文化差异不可避免，也不可改变，其对不同文化各自的存在、关系等有着重要的影响。正是文化差异的存在，赋予了文化多样性，如果没有差异，那么文化不可能向多元方向发展，也不可能使文化多姿多彩。

对于文化差异的存在，不同的派别有着不同的观点。

进化论学派认为，所有社会都要经过相同“进化论”阶段的预定序列，各个文化都会以不同的速度，经历着文化预定阶段，当一些文化处于最高阶段，而其他文化处于较低阶段时，就会导致文化差异的存在。当达尔文的《物种起源》出版不久，人类学家摩尔根就出版了《古代社会》（1877）一书，其中认为人类文化是在蒙昧、野蛮、文明的基础上发展而来的。进入20世纪初期，爱德华·泰勒认为，所有社会都要经过原始—野蛮—文明这三个状态。之后汤因指出每个文明可以划分为五个阶段：起源、生长、衰落、解体、灭亡。

扩散论学派认为，多数文化并没有创造力，人类文化的多数要素都起源于某一地方，或者少数地方，而后逐渐扩散到其他地方。

文化人类学认为，文化之所以存在差异，就在于制度、认知结构等的不同。其中，马林诺夫斯基的观点有着重要的影响，他指出：鼓励的文化特征的差异并不是社会中的基本差异，社会最初的差异源自人们生理、工具、整合的需要，为了满足这些需要，社会便形成了制度或经常性的行为模式。可见，文化是一个经过整合而成的制度网络，之所以存在文化差异，就是因为制度的差异性。受这一思路的影响，其他学者也指出文化差异源于认知结构的差异。

虽然各学派观点不同，但是各个学派都认同文化差异的存在。

二、文化包容

在现实的文化交往中，如果过分注重文化冲突，那么就会从事实上否定文化包容。文化包容的存在源于任何一种文化的存在与发展都不是保守的、绝对封闭的，如果文化是保守的、绝对封闭的，那么这就是一种狭隘的民族主义行为。

虽然不同文化之间存在文化差异，但是不同文化之所以能够交往与对话，就是因为文化包容的存在。也就是说，文化包容使得不同文化并立存在，不同文化之间相互借鉴、相互吸收，从而为自己所用，促进自身文化的繁荣与发展。如果没有文化包容的存在，世界文化大花园也不会如此丰富多彩。

所谓文化包容性，是指文化在自身存在与发展中，可以借鉴其他文化的优秀成果，采用友好的姿态应对不同文化，而不是对其他文化进行排斥与对立，也不是对其他文化进行吞并与侵蚀。就文化包容性而言，一种文化只有对另一种文化有利、有用，才会被包容，而如果一种文化失去价值，那么这种文化往往会被遗弃。

第二节　文化的观念体系概述

文化的观念体系指的是与自我、他人、外部世界相关的全部信念与思想，表达的是特定文化群体所享受到的对社会现实的看法，也是在人们社会行为中逐渐渗透的、具有系统性与普遍意义的观念之和。在跨文化交往中，人们往往会依据这些观念，去应付其他文化带给自己的行为上、思想上的混乱。

文化的观念体系主要体现在世界观、人生观、价值观层面。世界观是文化关于世界本质的总体观念，是人类对世界方式与结果的把握；人生观是世界观在人生问题上的表现，会受到不同世界观的影响与支配；价值观是文化观念体系的深层内核，其中包含了道德、情感、认知等多个层面，也是文化观念体系最关键的部分。本节就对这三大文化的观念体系展开分析和探讨。

一、世界观的文化差异

世界观是人们对包含社会、自然界与人的精神世界在内的整个世界的总的观点与看法，映射了对于人类、上帝、生命、存在等影响文化成员对世界看法的问题的体验与感悟，也代表了不同文化最为根本的思想基础。

世界观从多个层面对文化成员的行为、感知等产生影响，并对经济、社会等也有着深远的影响。自从人类文明诞生，每一种文化都负载着自身的世界观。

世界观对于跨文化传播研究的意义在于：世界观在构成文化的各个要素中得以渗透，世界观不同，其选择与行为也必然不同。对一种文化的世界观有所熟知，才能对这种文化的其他层面做出预测。这是因为，不同文化的世界观有些层面存在相通之处，但是也存在明显的差异性。而文化的许多差异就是建立在世界观差异的基础上的，以世界观的差异作为本源，因此对不同文化的社会实践产生影响。具体而言，世界观的文化差异主要表现为三点。

（一）关于世界的本质认知差异

对于世界的本质问题，不同文化有不同的解答。

中国传统观念中，世界包含双重意义：时间与空间。从时间层面上说，世界是溯之无始、追之无终的；从空间层面上说，世界是虚空无尽的。不仅如此，世界上一切现象都呈现为“此生彼生、此灭彼灭”的情况，之间并没有永恒的存在，即所谓的“诸行无常”。

在西方的观念中，世界以“上帝”作为中心，所有的生命、人类等是由神创造出来的。而宇宙之所以这么浩大，也是由于创造者的能力与智慧。如果没有神这一创造者，那么宇宙万物就不可能产生，道德也缺乏神圣的来源、神的监督等。从另一个层面来说，在这一世界中，价值世界与自然世界属于同一世界；灵魂世界与物质世界也属于同一世界，而时间作为一个舞台，将价值与事实、灵魂与肉体相互连接。如果没有神的存在，那么这个连接的关系将不会存在。

（二）关于人与自然关系的认知差异

人类与生俱来存在两大关系：一是人与自然的关系，二是人类社会内部的关系。自然是人类社会关系的媒介，因此人与自然的关系起着决定性的作用。在对人与自然的关系的认知上，不同的文化有不同的选择。

中国强调人与自然的和谐，即认为自然是人类的朋友，人与自然应该和谐共处。中国主张“天人合一”，就是对自然的热爱，对万物的珍惜，追求人与自然的和谐共生，这是中华文化延续至今的标志与特征。

相比之下，西方强调两种观点：一是顺从，二是征服。所谓顺从，即认为人在大自然面前无能为力，因此人需要等待大自然的恩赐；所谓征服，即认为人类是大自然的主人，人们为了实现自己的利益，就必然需要对自然进行征服。例如，美国社会通过对自然的征服，得以不断地繁荣与发展，获取了大量财富。

（三）关于人性善恶的差异

关于人性的善恶，中国文化主张“性善论”，即“人之初，性本善”，这一观念指出每个人都能够将自身的善挖掘出来，社会就可以太平。

而西方人强调“原罪说”，即每个人的内心都有邪恶倾向，即人人都存在“原罪”。受这一观念的影响，西方文化存在一种集体的忏悔与反思意识，人们也相信：虽然人本身是邪恶的，但是也可以进行改变，所以在西方人眼中，人人都应该趋利避害。

以上就是对世界观的文化差异进行的对比，正是由于世界观的差异，才导致人生观、价值观等层面的差异性。也可以看出，世界观差异是其他文化差异存在的根源。

二、人生观的文化差异

从一般意义上说，所谓人生观，是指人类生存的价值与意义的根本态度与看法。一般来说，人生观包含三个内容：人生的目的、人生的态度、人生的评价。

如前所述，人生观受价值观的影响和支配，除此之外还受到传统、历史等要素的影响和制约。中国主张“万变不离其宗”，就意味着中国人求稳，统一与稳定是中国人生活的头等大事，也是社会得以发展的保证。这种稳定，包含个人的稳定、家庭的稳定、社会地位的稳定、社会关系的稳定等。

相比之下，西方人认为：人与动物之所以存在区别，就在于人需要不断审视自己的生存与生命状况，这是理性的显现。受这一思想的影响，西方人强调求变，即不断打破常规、不断创新。

三、价值观的文化差异

一般来讲，价值观具有稳定性，但是这种稳定性是相对的。具体来说，如果条件不发生改变，人们对某些事物的评判是相对稳定的。价值观是基于社会、家庭的影响产生的，且经济地位发生改变，价值观也会发生改变。中西方所持有的价值观显然是不同的，以下就来具体分析这两个民族的价值观念差异。

（一）天人合一观念与天人二分观念

中国传统文化中所提倡的天人合一精神引导着人们在审美模式上倾向于与自然融为一体，审美文化从一开始就强调艺术属于主体本心，反对简单地模仿外物。古代众多哲学家都强调天人合一观，如老子、庄子等，他们提倡在审美中应该张扬人与自然的天性，一切都应该顺其自然，不可人为强制。

儒家的美学观点强调，美学在具有合理性的同时也必须合乎社会伦理道德，达到“美”“善”的统一。中国古代的艺术与审美理论另外一个突出的特点就是强调体物感兴，主体的心灵世界与外物相接触，并不是一种单纯的模仿。中国人认为，人不但需要懂得对大自然的欣赏，还需要将自己融入大自然中，实现人与自然、人与人，以及人与自身的和谐，这被认为是旅游审美的最高境界。

西方文化的根本是主客二分，将外在世界作为人的对象，主体需要站在自然之外冷静、客观地观察、思考、研究、分析，因而他们在文化审美上就注重对自然的模仿，将文化的本质看作对自然的一种模仿。西方文化的发源地之一是希腊，其中最突出的文化表现形式是雕刻与叙事诗，二者最能体现西方人的文化成就与审美标准。

雕刻与叙事诗很好地体现了主客二分的审美模式，表现出典型的写实风格。同样，西方人在对大自然的审美中也体现出主客二分的模式。在西方人看来，人对自然的审美一般表现为两种心理——畏惧或征服，所以人对审美的判断结果也只能局限于这两种心理范围内。

（二）集体主义观念与个人主义观念

中国倡导集体主义价值观。所谓集体主义，指的是国家、集体、社会利益在前，个人利益在后的一种价值观。简单来说，当遇到个人利益与集体利益发生冲突时，人们往往被要求与集体利益保持一致。虽然这种情况在当代社会有所改变，但是中国人仍旧饱含着强烈的集体归属感。这种集体主义在家庭、工作之中也有强烈的表现，即长幼尊卑、下级服从上级，这与中国“礼”的教化有关。例如，当与陌生的长者打招呼时，往往会称呼“大爷”“大娘”等，当下级与上级打招呼时，往往会加上职位。

与中国的集体主义价值观相反，西方人强调个人主义。因为西方人对于个性、自由非常推崇，强调个人的意志，注重自我实现。但是需要指出的是，个人主义并不意味着个人利益比任何利益都高，而是需要在法定的范围内，因此个人主义也是一种健康的、积极的价值观。不得不说，个人主义有助于个人的创新与进取，但是如果对个人主义过分强调，可能也会影响整个社会的亲和力。

（三）和谐观念与竞争观念

价值观的核心是价值，价值观念的不同指的是不同民族所表现出的价值在某一个文化体系中的排序。从根本上而言，价值的排序又与利益有着密切的关系，即利益决定着价值的地位。利益与某一个民族中的社会经济模型又有着直接的关系。

中国是农业大国，表现出明显的“重农主义”，将农业视为立国之本。在中国传统思想中，十分提倡重农轻商、重本轻末。孟子说：“百商之切，勿夺其时，数口之家可以无饥矣。”

在中国古代社会，商人往往被人轻视，这是一种普遍现象，当时社会中的排序为“士、农、工、商”，从这一排序中就可以明显地看出商人的地位，商处于最末。

中国古代社会形成重农思想的根源，主要在于古代人以农耕为主，依河流而生，通过农业解决温饱问题，长期处于一种自然的经济状态中。因而，逐渐形成了重农主义思想也是顺理成章的。

与个人主义强调的竞争意识相比较而言，重农主义十分注重天时地利人和，提倡合作精神、协调关系。例如，“远亲不如近邻”“家和万事兴”等体现的都是对和睦、和谐的推崇与追求。

从社会的发展历史可以看出，西方社会所表现出的典型特点就是“重商主义”。美国著名学者罗伯孙认为，美国社会的商业文明在1776年美国独立时就已经形成。

商业文明十分推崇个人所具有的奋斗精神。在西方社会，“权利、地位、声望、金钱”都不是天生就有的，并不能简单地通过继承遗产或者高贵的血统来获取。个人想要获取财富，实现自己的理想，只有通过自己的努力和奋斗才能实现，才能拥有权力、地位和声望。在这种思想的影响下，逐渐形成了个人主义的精神。

作为社会中的一分子，个人只有通过自己的努力，通过竞争来获取资本以及各种机会，人应该用于面对和接受各种挑战，将自己放在与他人竞争的同等地位，从而充分激发自身的潜力以及战斗力，通过行动来追求速度、结果、效率。西方人非常推崇达尔文所提出的进化论思想，“物竞天择”是西方人的人生信条之一。

第三节 文化的规范体系概述

规范是确定与调整人类共同活动、人类关系的原则，也是社会人的一条规则与准绳，要求任何人都要与共同体的利益相符，进而使社会逐渐成为一个整体。就这一意义而言，规范就是社会规范，为社会成员拥有。同样，文化也具有规范体系，下面就对其进行分析与探讨。

对于规范的定义，不同的领域其界定也不同。

社会学者常常将规范等同于行为的规则、行为的准则等，是确定与调整人类共同活动与人类关系的原则。

传播学者认为，规范是恰当的、得体的传播模式。

社会语言学家认为，规范是在不同社会中，被认为得体的、恰当的各种行为标准的总和。

人类学家认为，规范是人类如何行动的一整套固定规则。

在跨文化传播的视角中，规范是价值观、信仰的外在表现，是人们开展社会活动的一种行为模式。

规范源于历史与生活实践，是维护社会关系的一种客观要求，决定着人们参与社会活动的标准，对人与人的关系起着限定作用，也对文化成员的价值判断、共有观念等起着决定性作用。

规范的内容多样，不仅包含了对违反规范行为的惩罚，还包含了对人们社会行为进行评价的系统。简单来说，就是规范告诉了文化中的人们不应该做什么，应该做什么。

社会的规范体系不同，文化模式也存在差异。每一个文化成员的生命历程，都源于对自身文化系统中传承的规范体系的适应，从而逐步实现与规范体系确立的伦理标准、行为模式的一致。

第六章　跨文化传播的动力：技术、互动、认同

技术是推动人类文化不断向前发展、促进社会不断变迁的关键力量。在21世纪，以传播技术变革为基本推动力的经济全球化已经渗透至人类生活的各个方面，并影响着全球范围内信息流动的方向、数量以及各个文化的影响，同时改变着人类的信息接收环境，塑造着人类的生活方式和观念体系，培育了新的社会交往和社会关系。第六章将对跨文化传播的动力：技术、互动和认同进行详细探究。

第一节　技术与跨文化传播

传播技术组织着全球化运动，也控制着所有“文化想象”的意义和方向。当前，新媒体传播成为传播技术的主要标志和不同文化交流信息、知识、情感的共同语境，把人与人的关系和人与自然的关系反映建立在数字的生产、储存和流动上，传播全球化成为现实，文化和民族国家的传统界限被模糊和跨越，跨文化传播在媒介选择行为主体、传播模式以及影响力等方面都经历着巨大变动。本节将对技术、文化与跨文化传播进行探究。

一、技术的社会影响与文化本质

文化不仅是技术产生的源泉，也是技术活动的过程及结果；技术参与自然、现实和对世界的构造，并不断更新着人与社会的关系。就文化与技术的关系而言，作为社会文化积累的重要结果之一，技术在塑造人类社会文化的同时，始终是人类社会文化的重要内容。特别是近代以来，技术发展一直为不同文化的交往扫除“物理障碍”，使全球社会日益处于技术同步的影响之下，技术把握的理性逻辑和物质秩序也在持续影响各个社会的运行和变迁，改变着人类文化

的传播环境以及不同文化之间的依存程度。

现代意义上的技术进入人类历史，是以18世纪末开始的工业革命为起点的，从此技术成为现代西方文明的主导力量，技术成为控制自然乃至人类社会的工具。20世纪30年代，社会学家威廉·奥格本（William Ogburn）在《发明和发现的影响》一书中概括了技术发明的三大社会影响：散布性、集中性和连续性。散布性表明了技术发明的多重影响；集中性强调的是不同发明的影响会汇集在一起发生更大的作用；连续性则指明了技术发明所派生的链条式的社会影响。

现代传播技术及大众传媒业的兴起，确立了信息传播活动在社会生活中的中心地位。一方面是人类复制、保存和传输信息的能力空前增强；另一方面，各种文化都有机会脱离原有的狭小生存环境，都有可能积极地与其他文化交汇、融合，进而加速全球社会中文化多元化的进程。丹尼尔·贝尔认为，当代大众传播媒介与交通运输革命一起消除了社会的隔离状态，改变了人们认知世界的方式，形成了今天人们理解世界的方式。传播媒介的发展，也在推动不同学术领域思考传播媒介对个人和社会的影响、信息传播技术的应用、工作与娱乐的性质、时空的概念，以及文字、阅读、谈话等日常生活方式的变迁等议题。总之，传播技术的发展正在影响人类的集体命运，了解这一本质对于把握文化传播实践、理解全球社会与文化变迁的意义至关重要。

总体而言，技术不能脱离文化单独发展，技术始终根植于特定的社会文化环境，不同群体的利益和价值取向等都决定着技术的轨迹。文化通过对技术进行认识和反映，在观念、认知及行为方式上衍生出一种适宜的运行机制，从而对技术的发展方向和目标进行调控。审视人类的技术发展史可以得出：文化是技术发展的“遗传基因”——技术在不同文化中的地位、作用以及期待，决定了技术乃至文化的命运。

二、技术发展的文化差异

对于技术发展的中西文化差异，人们普遍认为：中国传统中“天人合一”的观念影响深远，长期阻碍了中国社会智慧努力的方向，重视玄学思辨，轻视经验，反对理性。传统社会结构以人伦关系为根本，主流价值以道为本、以技为末。技术不过是“奇技淫巧”，没有被当作人的生存方式来考量，亦没有对技术和意志的关系的反思，因而没有给技术发展提供形而上的支撑。中国传统社会注重利用人的体力和技巧，忽视利用自然力和工具，忽视效率和效益；注重经验积累，相对忽略科学依据，难以积累从基本原理上创新的能力；注重师徒传承，很少利用教育传授技术知识。这些都不可避免地影响了技术发展的规模、速度和质量。西方社会的情况则与我国有着显著的不同。古希腊时期确立的科学理性精神以及西方的革新思想，为西方社会不同时期的科学和技术发展提供了持续的动力。尤其是近代科学革命与工业化运动，促进了科学知识与技术在世界范围的传播，缩小了人类在地理上和观念上的距离，增加了人类交流与合作的途径。进入 20 世纪之后，在西方国家诞生的微电子技术、计算机技术、航天技术、生物技术、新材料技术等，更是促成了新一轮的技术革命热潮，推动了全球时代的来临，并最终改变着人类各个文化的面貌。

第二节　跨文化传播的技术空间

技术反映了人类认识和改造世界的全部成果，也是观察历史走向的一种途径。从人类的发展历史来看，人类跨文化传播活动提供的跨时空、国界和文化差异的冲动始终受到技术的限制和影响，跨文化传播的客观需要也在不断推动技术的更新与发展。本节将对跨文化传播的技术空间进行说明。

一、跨国卫星电视的文化影响

传播技术的发展使传播全球化成为事实。20 世纪 80 年代至今，伴随跨国传媒集团持续性的全球扩张，传播产业的商业化、私有化、集中化和去管制化趋势日趋剧烈，新的全球传播格局与秩序正在通过传媒产业的扩张在世界范围内形成。通过媒介组织与权力体制的政治、经济与意识形态的运作，西方媒介更为深入地参与到不同文化和国家的社会活动之中，同时也隐蔽地影响着人们的日常生活。

作为跨越国界、以其他国家的观众为主要对象的跨国传媒，卫星电视对世界各国的经济、文化、社会生活乃至国际关系产生了深远影响，也极大地拓展着跨文化传播的深度和广度。跨国卫星电视是跨越国界以其他国家观众为主要对象的卫星电视传媒。

从 20 世纪 90 年代后期开始，以西方国家为主力，世界各国纷纷利用数字技术通过卫星传播电视节目，卫星电视作为一种新的传播技术乃至社会力量，迅速兴起和发展。卫星电波强大的穿透力和无处不在，加上跨国卫星电视内容的丰富性和形式的多样性，不仅使跨文化传播的即时性成为可能，同时拓展了跨文化传播的深度和广度，并引起不同领域研究者的持续关注。就全球范围来看，卫星电视经历了四个发展阶段。第一，世界各国为解决国内远距离视听难的问题，通过卫星传递信号，使偏远地区能收看电视节目。第二，通过卫星的现场直播，使世界范围的观众能够同时看到全球各地发生的事件，从而实现了跨国卫星直播。1980 年，美国亚特兰大特纳广播公司创立的有线电视新闻网（CNN）通过卫星向邻近国家的电缆电视系统播送新闻，标志着跨国卫星电视的正式诞生。第三，跨国卫星频道诞生，如 1991 年，英国 BBC 广播电视公司开始了面向世界的跨国卫星电视的播放；1991 年，中国香港卫视台利用亚洲一号卫星开始了亚洲范围的卫星电视播放。第四，采用数字技术的跨国多频道卫星电视迅速发展。数字压缩技术在电视传输技术方面的运用，使卫星电视同时播放上百套节目成为可能，播放内容更加呈现出跨越国界的特点。

从技术发展的历史来看，文化的生存力与必要的社会结构相关联，经济发展、技术进步是扩大文化影响的前提。西方国家跨国卫星电视的全球扩展，是世界范围内权力不平衡的结果，他们控制了全球信息流动的方向、数量、结构，决定了全球社会的社会变迁、经济发展以及政治、文化秩序，是后发展国家的文化传统难以摆脱的威胁。1998 年，澳大利亚学者沃兰（Duane Varan）总结了跨国电视节目文化影响的四种进程：文化摩擦，即特定文化语境与境外电视之间的价值观摩擦；文化萎缩，即本地文化中某些不稳固的层面易于受到外来文化的影响；文化沉积，即国外文化的实践和人工制品构成了一幅新的文化图景，具备了为本地文化提供文化接种的条件；文化突变，即本地传播系统中的社会实践已适应了境外电视的威胁。近年来陆续呈现的类似研究继续提示人们，跨文化传播研究必须深入关注跨文化过程中的媒介角色。

根据近年统计，世界上开办跨国卫星电视的国家和地区在 20 个以上，其中绝大多数为西方国家，各类跨国卫星电视台超过 50 个，跨国卫星电视覆盖的人口早已超过世界总人口的 2/3，卫星电视的"越境"成为日益严重的国际问题。但西方发达国家一直强调"信息自由流动"的原则，认为各国都不应设置障碍、限制信息的自由流动。发展中国家则强调主权原则，认为跨越国界的电视广播应该征得对象国的同意，并且要有一定的约束和规范。尽管各国政府在原则上都已同意为限制卫星的接收范围而制定一项新的国际规章，但由于各国之间存在利益纷争，在一些具体条款上难以达成一致。

为了预防对电视直播卫星电波的人为干扰，各国都赞成根据国际电信协议（IECA）的有关条款管理电波分配，即每个国家都可以尽其最大努力运用所有技术手段防止电波溢出。但是，到目前为止还没有一种技术屏障能阻挡或控制到处渗透的各种“电波”和信息流动。许多国家的传播学者十分担忧，认为高度发展的传播技术就像一把“双刃剑”，在促进民族统一的同时，也为另一个民族的文化快速进入他国创造了条件。

二、网络传播与虚拟社会

迄今为止，网络媒体是最具发展潜力的新媒体，也是传统媒体的集大成者。网络媒体不仅有传统媒体的文字、图片，也有广播、电视媒体的声音，还有这些传统媒体所不具备的交互性和虚拟性。进入 21 世纪，作为人类创造的全球信息中介系统，网络系统在全球迅速发展，不仅产生了巨大的影响力，而且对跨文化传播的形式和内容发起了巨大挑战。

在现代社会，网络传播构成了人们生活的重要方面。网络传播为言论自由提供了一种制度性的技术可能，建构了一种交互式、开放式的交往空间，不同的群体文化都得到了表达自我、交往互动的权利，进而推动着人类生存方式的改革与文化的变迁，使知识和观念的全球化辐射与融合成为现实。尤其是在网络传播构建的虚拟社区中，任何一个人都可以和身处其他国家、其他地区网络之中的任何一个人联系交往，网络交往因此而具有了全球性和普遍性，为人类不同国别、民族、地域的文化交往以及全球知识、文化的共享开辟了广阔的前景，也为人类的行为、思维乃至社会结构注入了新的内容和形式。

（一）虚拟社区中的交往

1887 年，德国社会学家滕尼斯（Ferdinand Tonnies）提出了“社区”的概念，其用以描述由聚居在一定地域中的社会群体、社会组织所形成的相互关联的人类社会生活共同体。

网络传播所营造的网络空间，为人类社会创造了一个不受任何个人或组织控制的虚拟共同体——虚拟社区。虚拟社区是一种基于计算机技术、互联网技术、虚拟实在技术等建立的网络化、虚拟化的多维信息空间，更是一个新型的人与人、人与群体、群体与群体之间交流、交换和共享信息的“公共领域”。这里没有现实世界中的组织、结构、等级科层、官僚机构与官僚，以及权威与权力，以至于呈现出这样一种特征：“去权威性”。也就是说，传统意义上的权威不再存在，所有参与者均在平等交流中获得自身存在的根据，借助参与者互动形成的关系网络则提供了社会化、相互支持、信息交流及社会认同等功能，既呈现了诸多与现实社会不同的特征，也对现实社会的社会关系与交往产生了根本性影响，甚至改变和重塑着现实的社会结构，使其经历着一场解构与重构的革命，在交往互动、价值观念、生活方式等方面都逐渐呈现出不同于传统的新特征。

虚拟社区拓展了现实的社会交往领域，彻底改变了人们传统的赖以生存的社会关系和活动场域。因此，虚拟社区具有现实社区的许多主要特点。虚拟社区的基本构成要素也是一定数量的人，人与人的关系是虚拟社区与人相互联系的基础，联系的纽带是人们共同的需要。在虚拟社区的发展过程中，逐步形成了特有的社区文化以及成员之间的社会认同。

在虚拟社区中，人们通过习得传播手段寻找和强化着自己的认同。同时，跨文化传播不仅打破了传统的文化和民族国家的界限，也不断开辟着新的认同空间。

充满自由的选择也会产生选择的焦虑，也会对进行网络传播个体的理性尺度提出挑战。一个客观的现实是，沉浸在虚拟社区中的交往会使人与人之间的现实关系变得疏远，导致人的交往能力下降。而且，由于进入网络空间的个体无须承担任何社会责任和义务，对现实社会具有疏远感、淡漠感甚至不信任感，因此会不可避免地产生许多社会问题，如网络安全及计算机犯罪、假新闻假信息传播、侵犯个人隐私、信息诈骗和职能犯罪等。从这一角度而言，认真审视网络传播中潜在的危机，对虚拟社区中的交往规则进行重建，是不同学科领域共同面临的问题。

（二）虚拟社区交往的原则

在虚拟社区交往中，应遵循以下几项原则。

1. 道德原则

通过虚拟社区，交往突破了空间的限制，人们可以与不同地域、不同民族、不同语言和不同文化背景的人交往，传统的道德规范显然无法与之适应，因此虚拟社区的道德原则应有丰富的、具体的内容，甚至超越人们在现实生活中所遵循的道德规范的范畴，具备鲜明的普世性特点。需要强调的是，道德原则的确立必须与网络法规和技术支撑互为依托，使主体更自由、秩序更完美，从而逐步形成网络空间中的道德规范体系。不同文化传统、习俗、价值观和生活方式通过网络平台的交汇、碰撞、竞争和冲突，为个体道德社会化提供了一个广阔的舞台，使不同文化传统中道德体系的延续与完善焕发了新的生机，这也有助于建立一种尊重文化多样性、抗拒文化“同质化”、保护多元价值体系的更为健全的跨文化道德体系。

2. 平等原则

在虚拟社区交往中，每个人都可以自由地发表自己的观点，但不能强迫任何人接受；每个人都可以自由地与人交流和沟通，但不能强迫别人与自己保持交往。可以说，虚拟空间为人类追求的平等提供了一种可能。事实上，虚拟社区中的交往和互动只能基于平等的原则，而这种平等是建立在关注、尊重个体的基础之上的。

3. 安全原则

不同族群、民族和国家之间的冲突不会因进入虚拟社会而全然消失，如何在虚拟社会建立符合人类文化发展趋势、具备人文关怀的网络安全体系，应对可能发生的种种对立与冲突，是全球社会共同的课题。这里最迫切的是从人类共同利益的高度来确立网络安全意识，抵御各种有害信息的侵蚀，维护人类文化可持续发展的基础。

三、“数字鸿沟”

现在，信息技术不仅是衡量社会贫富的工具，也是决定社会变化能力的主要因素。人们掌握信息技术的实力存在差异，这就会不可避免地导致不同群体、民族和文化的机遇差别，这就涉及了“数字鸿沟”的概念。概括而言，“数字鸿沟”是指由于地域、教育、经济和种族差异，不同群体在掌握和运用计算机、网络等数字化技术及分享信息资源方面存在的差异，其实质就是一种因信息落差而引起的知识分隔和贫富分化。

“数字鸿沟”这一概念源自“知识沟”研究。“知识沟”最初是指社会群体之间在公共事务和科学新闻等方面存在的知识差异。随着社会和技术条件的变迁，“知识沟”的内涵也越加丰富。从网络技术上来讲，“知识沟”是地域、教育水平和种族不同的群体在接入和使用网络技术上存在的差距；从经济方面来讲，是由于经济水平的差异而导致的对信息接触和应用的差距；从知识方面来讲，是不同群体在获取和利用知识的能力上存在的差距；从社会制度方面来讲，它是传统的社会分化现象在新时代的延续，即信息分化现象。

从本质上而言，“数字鸿沟”就是“知识沟”。“数字鸿沟”主要存在于发达国家和发展中国家之间。而且“数字鸿沟”已经超越技术范畴，渗透到社会、经济、文化、外交等各个领域。当前，虽然传播技术的发展提高了人们的沟通能力，但新技术不会改变信息分配贫富不均的状况，反而会使其产生两极分化的趋向。

在跨文化传播领域，“数字鸿沟”体现的一个鲜明的特征就是“数字文化鸿沟”，即由于“数字鸿沟”而导致国家与国家、国家内部和不同人群之间的观念和认知差别，其存在意味着人类社会进入信息时代以来信息数量大幅度增加，事实上加深了文化差异与社会不平等，也加剧了潜在的文化冲突，并对文化传承乃至世界文化格局形成势不可当的冲击。总之，传媒技术的发展为全球社会中的人们带来了一种解放，也制造了一种控制；预示了一种潜在的民主，也剥夺了某些自由；展开了一个新的地平线，也限定了新的活动区域。

第三节　社会互动与人际关系的文化差异

社会互动是人类社会得以形成的基础，构成了人类丰富多彩的社会关系和社会生活。传播是借助信息传递而实现的社会行为的互动过程，因为在接受或传播信息时，人们总是受到与其互动的群体以及更大的社会结构的影响，所以人际交往和互动一直就是传播学关注的重点。下面对社会互动与人际关系的文化差异进行探析。

一、社会互动

社会互动是社会学的重要概念，指的是两个以上的个体、群体或社会阶层之间相互作用、相互影响的活动。其包含五个要素：行动者，不管是个人与群体，还是群体与群体的社会互动，行动者的最小单位都是个人；社会目标，参加互动的人们都是有意识的，都力图调节另一方的行动；社会环境，任何社会互动都是在一定的环境下进行的；社会规范，互动中的任何一方都必须在一定的规范导引下行动；社会接触，互动双方均受对方行动的发生与改变的刺激，从而形成真正的群体行动。

社会互动与社会化过程有着密切的关系。社会化是个体用来获得其所属群体的规范、价值观、态度和语言特征的社会互动过程。它不是单向的个体被动接收信息的过程，而是一种动态的、复杂的互动过程。

对于个体而言，社会化是通过社会互动的过程学习不同的社会规范并逐渐形成自己的观点体系的过程。

在人类的生活世界中，每个人都在与他人进行社会互动，传承、增加和积累着关于如何进行社会交往和社会互动的知识，从而生成由知识、经验、理解、意义、语言、信息所构成的知识系统。由此而言，社会互动也是形成和完善人们共有的“思想空间”的过程。在互动过程中，每一方都是信息的发送者，也是信息的接收者，社会就是这样一个由人际互动构成的网络。

由于社会互动的方式折射出不同文化的差异，所以从社会互动的视角来考察文化差异，就成为文化与传播研究的一个重要视角。要深入地理解文化与社会互动的关系，就要明白，深嵌在“社会结构”中的文化是一定人群所共享的价值观、规范和态度，构成了社会互动所依赖的潜在的假设和期待，所以不同文化条件下的社会互动有着不同的假设和期待。

二、人际关系的文化差异

人际关系是通过社会交往构成的人与人之间相互依存和相互联系的社会关系。作为普遍存在的社会现象，人际关系是每一个社会和文化成员赖以生存和发展的基础，也是社会和文化得以生存和发展的基础。

（一）人际需要与社会交换

关于人际关系发生、发展的缘由，主要有两种理论解释：一是人际需要理论，立足于解释人的心理需要对关系的推动作用；二是社会交换理论，立足于从微观角度去探讨人类的社会行为，认为人际关系的存在和发展由利益和理智所决定。

根据人际需要理论，人与人建立交往关系主要是为了满足人类三种基本的内在交往需要：一是情感需要，主要是反映一个人爱他人与被他人所爱的某种欲望，也包含渴望与畏惧等情感；二是归属需要，是指人们指望通过与他人建立关系，来摆脱心理意义上的孤寂状态，通过寻求与他人的交往，以获得“我们”这种心理安全感；三是控制需要，是指人具有影响他人与操纵事件的需要。这三种基本需要是在社会成员中普遍存在的，决定了个体在人际交往中采用的行为，以及如何描述、解释和预测他人的行为。

社会交换的理论起点是，人与人之间的社会互动是一种理性的、会计算得失的资源交换，“公平分配”与“互惠”是社会交换的主要法则。“公平分配”是指成本与报酬的平衡，即个人所付出的成本或代价与所获得的报酬利益应是相等的，付出越多，报酬也应越多，报酬包括具体的物品，也包括抽象的声望、喜爱、协助、赞同等，其价值因人而异。"互惠"是指个人在人际互动中所期望的礼尚往来的回馈。这里的"交换"还有两个条件：第一，行为的最终目标只有通过与他人互动才能达到；第二，行为必须采取有助于实现这些目标的手段。一种行为是不是交换行为，取决于行为者是否把对方的回报作为行为的尺度，不期望他人回报的交往不属于交换。

概括地说，在社会交换理论的视角下，追求报酬的交换是人类生活中最基本的动机和社会得以形成的基础，人际关系由互动双方所能获得的报偿与代价的互换来决定。如果交往中所获得的报偿大，交往所传递的又是些"好感""名声""经济效益"以及"感情需求的满足"等令人看得到好处的信息，那么交往关系就可能得到建立或顺利发展，否则便可能走向反面。随着现代社会生活的日益复杂化和多样化，社会交换理论的主要观点逐渐被学界广泛接受，已经广泛运用到经济学、政治学、法律学、教育学和社会心理学等领域。

（二）中西"差序格局"

中西人际关系有着显著的差异，这主要源于西方传统的个人本位与中国传统的群体取向。西方传统中的人际关系往往只存在于两个或多个不同的个体之间，而东方传统中的人际关系要复杂得多，与角色、权力和地位等关联密切。

在古希腊时期，生活在海洋型的地理环境中、从事商业活动的希腊人很早就摆脱了氏族社会的血缘纽带，建立了以财产关系为基础的城邦组织。与之相适应的，就是"生存危机与竞争意识"的出现和延伸，在有限的资源和利益面前，人人都会为了自己的私欲而与别人争斗。来自古希腊的传统使今天的希腊人视冲突为当然，视之为处理人际关系的一种规则。

相比较而言，中国传统的农业文化塑造的是一种主要由血缘纽带维系的社会结构。这是一种独特的"差序格局"社会，以维护"上尊下卑"秩序为根本，从而导致人际关系呈等级取向。与"差序格局"相对应的人际关系就是"五伦"："父子有亲，君臣有义，夫妇有别，长幼有序，朋友有信。"此"五伦"不仅构成传统社会人们普遍遵守的道德标准，也成了中国传统社会中人际关系的基本规则。此外，儒家思想还为中国传统社会提供了两个甄别人际关系的标准："仁""礼"。"仁"是做人的标准，是人生的最高理想和目的；"礼"是社会行为的规范，规定社会成员的权利和义务以及相应的行为。仁礼一体、相辅相成，构成了人际关系的基础和指南。受到中国传统文化的影响，韩国、日本等东亚国家的人际关系都程度不同地表现出与这种"差序格局"相应的特点。

实际上，“差序格局”是一个立体结构，既包含纵向的、刚性的、等级化的“序”，也包含横向的、弹性的、以自我为中心的“差”，由此而呈现的人际关系不是普遍关系，而是特殊关系——并不是对发生相互关系的每一个人采取同样的原则，而是依照相互的亲密程度、参与者的地位以及特定的环境把各种关系划分为轻重不同的各个类型。其中，“纵向”的关系可以看成上下关系，如上下级关系、师生关系、父子关系等；“横向”的关系可以看成朋友关系、同事关系等。

随着现代社会的竞争、流动和社会分化的加剧，近年来东亚社会的人际关系发生了很大的改变。一方面，人们交往的层面越来越宽，交往的对象和关系也越来越复杂，人们对人际关系有了自主选择的权利和意识；另一方面，契约化的人际关系冲击着以人伦为本的人际关系，人际关系开始摆脱对权力意志和家族宗派的依附，在平等互利的基础上进行自由广泛的交往、竞争和协作，群体利益不再成为阻碍个人价值实现的绝对正当理由。

第四节　认同的定义与分类

在跨文化传播视域下，不同文化群体及其成员是凭借认同存在于社会，并依据认同与外部世界交往的。认同影响着人们对生活方式的选择，指导着人们的行动，也影响着人们对他人的期望和对他人行动的预测。接受了某种认同，就是接受了特定的角色和行为规范，以此指导和规定自身的行为。可以说，认同是社会行为体对规范的内在化。

一、认同的定义

外语中，“认同”的表达是 identity，其源于拉丁文 idem，具有两层含义：逻辑学意义上的同一性；在时间跨度中所体现出来的一贯性和连续性。在社会科学领域，认同概念的应用甚广，但其概念的争议也比较多，学者至今没有形成一个统一界定。

弗洛伊德认为，认同是个人与他人、群体或被模仿的人物在感情上、心理上趋同的过程。韦克斯指出，在最基本的意义上，认同给予社会成员一种个人的归属感，也给予个体的特征以稳固的核心。概括而言，认同是在社会互动的过程中，行为体对自身角色、身份以及与他者关系的动态建构、评估和判断。

总而言之，认同的变化既是对外部社会环境变化的反映，也是人们之间相互关系不断变动的结果，同时也体现了社会对某一个体或群体的态度的变化。

二、认同的分类

根据个体与社会的关系，认同分为两种：自我认同和社会认同。

（一）自我认同

自我认同也称“个人认同”，是个体在不同的社会背景中认同的内在化，与个体在社会结构中的地位及扮演的角色紧密相连。作为自我或人格的核心，自我认同根植于一定的心理过程，如思维、行为和情感，也是意合与社会互动的多重过程，即个体不断调整自我以适应所属的社会群体和环境。简单来说，自我认同就是自我的建构，其实质就是回答一个问题：我是谁?

我是谁？这是一个自人有意识以来始终困扰着人类的问题。在社会生活中，每一个人都要面临与外部世界的关系问题，其核心就是“自我”与外部对象的关系。自我是认识外部世界的基础，只有意识到自己的存在，才能真正意识到外部世界的存在，才有自我和外部的分界以及两者之间的关系。否则，一切认识和实践活动都无从谈起。

自我是在人与人之间共同协商的互动过程中逐步展现和建构的。查尔斯·库利指出，他人的看法不可避免地影响着社会成员对自己的评价，人是以他人的看法为参照来定义自我的。由此而言，自我的建构抑或自我认同不可避免地受到个体所处的社会、文化环境的影响，体现鲜明的文化差异。

关于中国传统社会中自我的建构，爱德华·斯图尔特认为，中国人的自我概念深深地根植于社会等级结构之中，人们往往围绕着包括祖先和后代在内的直系家族来建构自我。杜维明也指出，中国儒家文化主张的自我，是在一个不断扩展的人类关系的圆周中的自我。爱德华·斯图尔特进而指出，美国人对于自我的认识与中国人截然相反：自我为社会关系中的一个独立个体，也是一个能够控制环境的理性人。美国人在自我与他者之间存在着较为鲜明的二分法：自我的界限之外便是他者，他者的行为带有他们自己主观的属性。

（二）社会认同

社会认同与群体相关，是某个群体在社会化和文化适应的过程中形成的一致认同，强调了人们之间的相似性，以及群体成员相信他们之间具有的某些共同的、相似的东西，是个体对其所归属的群体或类属的认知和信念。可见，社会认同与自我认同密切相关，社会认同是无数个体的“社会自我”的一种“组织化”，或者说社会认同是“我们”对关于“我们”是什么人，以及“他们”是什么人的理解。社会认同包括内在和外在两个方面：内在的方面是指群体认同，即群体所属成员在主观上具有的群体归属感；外在的方面是指社会分类，即社会对某一社会成员的群体归类和划分。

1982 年，社会学家约翰•特纳（John Turner）等提出了一个关于群体影响的模式——社会认同模式。根据这一模式，群体成员的角色认同主要是一种认知的过程，这个过程通常是人们在回答“我们是谁？”的问题时发生的。1985 年，特纳将社会认同的过程划分为三个阶段：第一，对自我和他人的群体归属做出分类，也就是将认知对象划分到不同的群体之中；第二，了解这些群体的具有代表性的、典型的特征和行为；第三，将个体所属群体的典型特征和行为赋予个体自身。

产生社会认同是社会成员都能做到的事，同时它也是可视的、可感知的外表和线索，是揭示人们的角色、身份的符号和象征。这就涉及社会认同的重要功能之一：社会分类。社会认同既是社会分类的产物，也是社会分类的基础。通过社会分类，人们可以将认知对象划分成为两种类型：与本群体相似的人和与本群体相异的人。然后给他们贴上标签，当不同的认知对象被贴上内群体或外群体的社会标签后，社会分类也就完成了。

总体而言，自我认同是在社会认同条件下的认同，离开了社会认同的自我认同是不存在的；社会认同就存在于某一群具有自我认同的个体当中，社会认同并不排斥自我认同的存在。

第五节　文化认同、民族认同、国家认同

跨文化传播研究的目标直译就是推动人类跨越文化鸿沟进行沟通，并应对不同的认同危机。下面就对文化认同、民族认同和国家认同进行具体说明。

一、文化认同

文化认同来自不同文化群体对本文化以及其他文化关系的评估和判断。文化认同源于同一文化群体的人们对共同历史的知觉和理解，由多重维度构成。概括而言，它主要来自文化成员保护自我的生活方式和文化特性的情感，并随着社会的发展而日趋复杂。在人类社会的早期，家庭、部落、族群是个人或群

体文化认同的主要单位。随着社会的演进，超越血缘纽带的城镇、地区、国家甚或语言、社会团体、阶层、阶级等，都可以成为人类文化认同的载体。在这个过程中，文化认同的功能也越加显著起来，即帮助文化成员确立自身的认同，规范文化成员的态度，并潜在地对人们的行为构成约束。

文化认同缘起于文化的差异、流变和断裂，因此其进程、形态和内容都是复杂、多重的。在社会生活中，人们往往根据场景与情景的不同，相对自主地在多种认同之间游移。通常，对一个较小的认同单位的选择，并不妨碍人们去选择较大的认同单位，进而形成常见的多重文化认同。尽管多重文化认同之间很少有真正的对立，但相互冲突和摩擦却无法避免。此外，在多重文化认同中，有些是核心的认同，有些是外围的认同，那些对于形成人们的判断标准、行为模式、义务和责任更具影响力的文化系统，在界定人们文化属性的过程中往往起着更为重要的作用。

通常，外围的文化认同容易改变，核心文化认同则是稳固、持久的，往往与不同的族群、历史、传统和观念联系在一起，既会出现在人们的日常话语中，也呈现在社会实践、社会规范和观念体系之中。重要的是，分享相同的核心文化认同，就意味着要使用相同的文化符号、遵循共同的文化理念、秉承共有的思维模式和行为规范。这就是文化认同的主要功能。历史地看，这种功能主要凸显在现代民族向民族国家的转变中。

例如，自20世纪80年代欧共体实施《单一欧洲法案》以来，欧洲以前所未有的速度实现着一体化的战略目标。其中，欧洲文化政策发挥了不容忽视的影响和作用，为欧洲人接受政治经济统一的现实奠定了重要的心理和文化基础。欧洲文化政策的实质，就是主张欧盟各国在共同文化的基础上实现文化融合，强调欧洲文化的同源性，进而逐步构建欧洲文化认同，使根植于欧洲集体意识之中的共同文化遗产成为欧洲一体化的坚实基础，为欧盟这一超国家形式的存在和发展提供合理性支持。

根据历史经验，当社会急剧变迁和异质文化融入本土文化时，文化认同问题总会彰显出来。尤其是在全球化与现代性的转型期，各民族国家和文化之间的关系更为复杂，不同文化中的个体都被负载着不同文化意义的符号包围着，文化边界日益模糊，个体的价值系统、认知系统、行为系统不可能不发生紊乱，这就不可避免地导致文化认同危机，或者多重文化认同的现象。尤其是中心与边缘之间、西方与非西方之间的一系列矛盾越加错综复杂，使文化认同问题更为迫切，也异常复杂起来。

有学者指出，随着跨文化挑战激烈程度的加强，重新创造一个超越人们原有文化界限的认同的可能性也会增大。有人将这种认同称为跨文化品格，它不同于人们归属的或被指定的文化认同，而是一种被重新创造、整合和采纳的认同，融入了不同文化的观念、思维和行为。但建立新的文化认同远非顺利或容易，随时会面临被颠覆的情形。经验表明，一旦维持或建立一种新的文化认同所带来的疏远和不适会导致过度压力，人们很可能会迅速恢复原有的文化认同。

二、民族认同

民族认同是一个争议颇多的概念。民族认同是民族成员对自身的民族身份以及与其他民族成员关系的建构、评价和判断，反映了特定民族通过与其他民族的互动而日益丰富和成熟的自身规定性，呈现了不同民族群体的界限所在。事实上，民族作为一个群体的形成过程本身，就是民族认同的表达，标明的是一种基于同一语言、规范、观念、认知等文化及政治要素基础上的“群体认同”。

在不同形式的群体认同中，民族认同最具根本性和包容性，也具有很强的生命力和稳定性。与族群认同相比，民族认同使作为个体的社会成员得到了更多的认同可能性，也为社会变迁背景下的自我调适准备了场景，能够更好地克服社会孤立状态。

基于跨文化传播学视角，民族认同反映了民族成员拥有的共同精神家园和情感归属，不仅仅有一种抵抗外来文化挤压的心理功能，更能为民族的发展方向和生活方式提供正当性依据。这就涉及了民族认同的文化根源。民族认同往往是以文化单元为载体的，强调的是民族成员对本民族文化的忠诚和继承，进而决定了民族在特定历史情境中的选择。民族文化还往往锁定在一些特定历史事件和历史人物身上，这些历史事件和人物被提炼为文化符号，既发挥认同的对象物的功能，又诠释出一个民族的品格，并为现代社会秩序提供了重要的社会文化框架。此外，民族国家中各个族群共有的文化认同，也往往是国家统一和稳定的基础。

民族认同的文化根源与民族认同的政治根源密切相关。民族群体中包含的社会关系通常可以分为两类：一类是从共同的语言、规范和观念体系中产生的社会关系；另一类是基于“政治需要、共同利益、道德义务”而形成的社会关系。前者是一种原始的社会关系；后者则是一种超越族群意义的政治认同的构建，主要服务于国家话语体系中的政治生活，也正是在这个意义上，民族认同得以取代族群认同成为民族国家主要的认同范畴。民族认同是国家统一、独立的表现，建立一致的民族认同最终是通过国家完成的。在这个意义上，与现代民族国家一同产生的民族认同，不可避免地与国家认同的含义大致重叠。

人类社会民族认同与国家认同之间的确存在矛盾冲突，但两者之间的对抗和冲突都不能改变民族认同与国家认同并存的事实。对这一基本事实的理解可以帮助人们推进民族认同与国家认同的良性互动，使其逐步走向和谐共存。

三、国家认同

国家认同内涵非常复杂，主要体现了人们对自己所属政治共同体归属的辨识、确认和选择，以及对国家的政治、社会、文化、族群等要素的期待、评价和情感。国家认同还是一个国家相对于国际社会的角色定位，并作为现代国家的合法性基础，为维系自身的统一性、独特性和连续性提供基本保障。国家认同、文化认同和民族认同共存于个体的观念和意识中，均为个人多重认同的重要组成部分，但国家认同是基于文化认同和民族认同的一种升华，包含着更为鲜明的价值判断，具有持久性和根本性。

国家认同有着国内与国际双重维度。就国内维度而言，国家认同是国民归属感及为国奉献的心理和行为，是国家凝聚力、向心力的重要表现，也是国家治理合法性的重要来源。就国际维度来看，国家认同是国家对自身特性以及在国际体系中的地位和角色的认知，在一定程度上，是一个国家与世界关系的集中写照。

现在，全球化作为重建世界经济体系、政治格局以及文化形态的重要力量，已成为影响国家认同的重要变量——全球化超越了传统民族国家的权力框架，对国家主权造成了冲击，亦造成了程度不同的认同危机。约翰·汤林森（John Tomlinson）指出，全球化进程必将削弱所有民族国家的向心力，即便是帝国主义时代的权势中心国家亦不能幸免于此。必须清楚的是，在一些现代国家形成的历史过程中，民族建构大多是妥协的结果，内部的诸多差异并没有被消灭而是被保存下来。现代化进程凸显了这些差异，如果无法整合这些差异，将无法使各自的公民确立起对国家相对稳固的认同。

根据不同国家的经验，国家认同的建构有赖于对文化领域的实践进行制度化干预，帮助不同民族成员在公共权力、仪式符号、节日庆典的日常参与或体验中，超越各种相对狭隘的族群认同形式，从而建立起对国家政治权威、公共制度乃至历史文化共同体的认同。

第七章　跨文化交际与文化教学

当今世界各地交往日益密切，了解各国的文化已经成为重要的教学内容，跨文化交际文化教学越来越受到大家的关注。文化教学就是通过比较不同文化间的相同点和不同点，对文化进行解读，增强不同文化间的理解与沟通，也使学生具有包容不同语言、文化、思想、行为的意识和进行有效沟通的能力。本章在概述文化、交际、语言、跨文化交际和跨文化交际学的基础上，阐述了跨文化交际理论，并对跨文化交际文化教学进行了分析。

第一节　文化与交际

一、文化

（一）文化的社会作用

文化是一种精神力量，在人类认识世界、改造世界的过程中，文化可以转化为物质力量，对民族、社会的发展产生深刻的影响。先进的、健康的文化对社会发展产生推动作用，落后的、腐朽的文化对社会发展起着阻碍作用。

文化对人类与社会也有其他方面的功能。从广义上说，文化提供了人类社会用以维持自身系统的三大要素：结构、稳定与安全。例如，从宏观的角度看，中华传统文化奠定了中国封建社会的稳定结构，其间虽然磨难不断，但整个社会的根本很长一段时间没有动摇过。从微观的角度而言，文化的功能在于提供给社会成员一个施展物理、心理与语言作用的情境，指一群人日常生活的环境。

（二）文化的教化作用

文化通过其中蕴含的知识体系、价值观念、思想信仰和行为规范等规范人们的行为，使人们有效地适应社会环境和社会关系，在行为上与社会要求保持一致，尤其是在思想信仰和价值观念方面与社会要求保持一致。文化的长期熏陶、教化，使得整个社会的思维习惯、价值取向、道德信仰等趋于一致，从而形成社会共同的心理素质。

（三）文化对经济的作用

文化能凝聚人心，振奋精神，更新观念，开阔视野，提高素质，从而推动经济发展。文化本身也是经济产业，可以直接创造物质财富。当今世界，各国间的竞争日趋激烈，文化在综合国力竞争中的作用越来越突出，成为综合国力的重要标志。

（四）文化对个人的作用

文化可以启蒙心智，认识社会，教益思想，愉悦身心，陶冶性情，获得精神上的满足和依归。优秀文化能够丰富人的精神世界，培养健全的人格，引领人们前进，激发人们的精神力量，促进人的全面发展。

二、交际

（一）交际的定义

作为学术上的术语，交际的定义也是多样的，学界一般认同的一个观点是，所谓交际，指的是人与人之间相互交往和交流信息的过程。这个过程有几个不可或缺的环节：信息发送者、信息接收者、信息、信息编码和解码。信息发送者是信息发出的主体；而信息接收者是信息接收的主体。在交际过程中，信息发送者需要借助一定的符号系统，进行信息处理，将信息转化为符号，然后发送给信息接收者，这一过程就是编码。而信息接收者在接收到信息之后，也必须借助一定的符号系统，将接收到的信息转化为意义，这个过程就是解码。而无论是编码还是解码，都要借助一定的符号系统，这种符号系统是生成于既定的文化体系之中的，同时又为该文化体系所制约，所以交际行为本身具有文化特性，交际是文化的交际，是文化的传承，是文化的发展。

人们关注交际，进行交际的研究，其视角不外乎关注交际过程中的四个环节。从信息的发送者和接受者出发，研究倾向聚焦于交际过程的“主体”和“客体”，这种研究视角主要关注交际过程中，交际主体和客体的交际心理，包括文化心理、社会心理和历史心理等。而如果从编码和解码的角度来研究交际，那么这种研究就是一种本体论视角的研究。交际的本体是信息，是符号，是语言，是文化。交际的本体论研究必须以文化为参照系，所以也可以说，以编码和解码为研究对象的交际研究也就是文化本体论的研究，因为离开了文化这个盛载器，交际就成了无本之源。交际与文化关系甚密，而文化的异质性就决定了跨文化交际的重要性。

（二）交际的基本要素

在交际的过程中，有几个因素十分重要。即信息发送者、信息接收者、编码与解码、反馈、交际渠道和语境。

信息发送者：信息发送者指的是发出信息的主体。发送者既可以是个人，也可以是组织或国家。

信息接收者：信息接收者指的是接收信息的主体。接收者既可以是个人，也可以是组织或国家。

编码与解码：在交际的过程中，发送者需要通过一定的符号系统，将要传达的信息转化为符号后才能传递给对方，而接收者在接收到信息后，也必须通过相应的符号系统将信息转化为意义，才能够理解。发送者根据符号系统把信息转化为可被传递的符号的过程就是编码。传达信息的符号既可以是言语，也可以是非言语。接收者在接收到信息后，将言语或非言语的符号转化为意义的过程就是解码。

反馈：是信息接收者反应的一部分，即信息发送者发出的信息返回到发送者的过程。反馈是评价和判断交际是否有效的一个重要尺度。不同的读者阅读同一本书后会有不同的反应，但是只有读者参与了某项调查，或者给作者写信谈了自己的感受，反馈才发生。反馈对交际有十分重要的意义，交际者可以通过反馈来检验是否有效地传达和分享了信息，以便及时对自己的行为做出调整。面对面的交流往往能取得最好的效果，就是因为信息的发送者能够获得最及时、准确的反馈。

交际渠道：渠道是交际过程中必不可少的因素。渠道指的是将信息源和信息接收者连接起来的物理手段或媒介。渠道可以分为直接渠道和间接渠道两种。直接渠道指的是交流者面对面地将信息传递给对方。由于是面对面交流，交流者可以获得最丰富的信息和最直接、及时的反馈，因此，信息传递的准确率也很高。在各种信息传递手段十分发达的现代社会，各国领导人依然互访，就是为了从直接渠道获得最多的信息以相互了解。但是，直接渠道也有不足之处，即无法超越时空的距离，信息传播的对象较少。直接渠道的不足正是间接渠道的优势所在，通过间接渠道，人们可以跨越时间和空间的距离获得信息。在进行跨文化交流时，由于文化间差异较大，更需要通过信息量大、反馈迅速的直接渠道进行交流。

语境：所谓语境，就是交际发生的场所和情景。语境可以是物理的、社会的和人际的。交际发生的语境能够帮助人们更加深入地了解交际的内容和形式。一旦人们知道了交际即将发生的语境，在某种程度上就可以准确地预料所发生的交际。

三、语言与文化和交际之间的关系

语言和文化关系密切。语言表达一种文化现实，同时体现一种文化现实，象征文化现实，文化则是语言形成和传承的基础，文化的发展和变化是语言形成和发展的动力。文化和语言是密切相关的，外语语言的学习与文化是不可分割的。语言和文化是整体与部分的关系，语言是文化的组成部分，是文化的一个方面，语言是学习文化的重要工具，人们在学习和使用语言的过程中获得了文化。文化和语言的关系可以概括为：语言和文化是整体和部分的关系。语言是文化的一部分，文化是语言的底座，语言是文化的载体，是传播文化的重要途径，语言反映社会文化现实，是文化的另一种呈现方式。

文化和语言的关系体现在各个方面。首先，语言习得和文化习得是相互作用的，学习一种语言就意味着学习一种文化，不同的语言表现了不同的世界观和不同的思维模式。学习外语不单单是掌握了一种工具，也不是简单地学习技巧，而是一种思维方式和习惯的转换。如果不了解一个国家的语言文化，是不可能学好这门语言的，文化因素始终存在于外语的学习过程之中。文化习得和语言习得是一个人认知过程中相互影响、相互促进的两个方面，语言的学习可以帮助文化习得，文化习得也可以促进语言的学习，文化的积淀同时也有助于人们更好地理解和运用语言。再者，不同的文化会产生不同的语言、不同的语言规则和交往风格。语言是一个结构系统，在语言的交往过程中需要一个赖以生存的文化系统，才能完成传递信息、交流思想的任务，交际风格受文化的影响，与深层次的文化密切相关。语言和文化的密切关系还可以在语言结构的语音、语法和词汇系统中明确地找到。在外语语言要素中，与文化关系最为密切的，最为直接的是词汇。词汇中的文化词汇是民族文化在语言词汇中直接或者间接的反映，文化词汇本身承载着明确的民族文化信息，包括了多种深层次的民族文化的含义。

文化决定了交际能力，它是交际的基础。文化的传播与发展由交际来决定，没有人与人之间的交往文化就没有办法传承。社交言语行为受到文化理性的制约，受到文化合适性的限制。文化价值观对人的交际风格具有决定性的影响，非语言交际和语言交际都要受到价值观的支配。交际间接或直接反映人们的价值观。

综上所述，语言、交际和文化是不可分割的整体，三者之间是一种水乳交融的不能分割的三位一体的关系。语言和文化之间是一种相互依赖，相互影响，相互制约的关系。语言的使用反映人们的价值观念和思维方式、生活方式，社会文化的变化发展是语言赖以生存和发展的基础。交际是语言和文化之间的纽带，人们通过社会交际活动习得的语言和文化，使得文化得以通过语言为人类所共享。

第二节　跨文化交际与跨文化交际学

一、跨文化交际

（一）跨文化交际的内涵

跨文化交际指的是来自不同背景下的人之间的交际，需要处理的是交际与文化之间的关系，解决的是跨文化语境中的问题。具体来说，它的内涵包括以下三方面的内容。

首先，跨文化交际发生在不同文化相遇的交际场合中。参与社会内部交往的人们具有相同的文化身份，介入跨文化交际的人们来自不同的文化，两者之间在文化背景和母语方面存在根本的差别，在跨文化交际中原本作为背景、隐而不现的文化被推到了台前。

其次，跨文化交际者以语言或非语言形式交换信息，商讨共识。因为人们在进行跨文化交际的过程中没有共享的参照框架，有时还缺乏共同的语言，即便拥有共同的语言，其语言能力往往也很不对称，所以相互交流充满了各种各样的障碍和困难，需要经过耐心、细致和持续的努力后才能够相互理解。因此，也可以说，达成共识实际上是一个对话或谈判的过程。

最后，跨文化交际者在交流中能够建构良性的互动关系，确定彼此认可的身份。跨文化交际开始时，交际者把对方看作陌生人；当双方相互了解后，他们就有可能建立稳定、互惠的关系。在建构跨文化关系的时候，交际者不仅界定自我地位，而且分辨对方的角色，通过协商后可以实现身份的建构与维护。

（二）跨文化交际的特征

关于跨文化交际的特征，关世杰认为，跨文化交际的特征有五个：双方文化共享性差；各种文化差异程度不同；无意识的先入为主；误解、矛盾与冲突的增多；文化变异性增强。[①] 结合众多学者的观点，跨文化交际主要有以下几个特征。

1. 交互性

交互性意味着交际发生在不同的社会主体之间，是双向的。在跨文化交际过程中，势必会遇到不同文化之间的相互交流与相互碰撞，因此，跨文化交际具有交互性是必然的。

2. 系统性

系统性表明，交际行为不是个别的，而是交际者整体价值观与交往模式的体现。在跨文化交际过程中，交际者的身上会体现出本民族的文化特色，其交际行为会受到自身固有文化的影响，因而呈现出系统性的特点。

3. 解释性

解释性意味着信息的交换与意义的建构是交际者能动地界定现实、相互商讨意义的过程。跨文化交际过程中，交际双方会对自己的文化含义、内容等进行相互的沟通与解释，从而达到交际的目的。

4. 社会性

社会性表明，任何交际都发生在特定的语境中，受到社会环境的规约与调节，在跨文化交际过程中也是如此。

（三）影响跨文化交际的因素

跨文化交际既是语言的沟通，也是文化的对话。造成不同文化冲突现象的原因很多，究其根本，是因为不同国家、地域有着不同的文化、不同的历史背景，即人们在思维方式、价值取向、社会行为规范等方面的差异会导致他们在言语行为、语言的使用规律、语篇组织结构等众多方面产生差异。

---

① 关世杰 . 跨文化交流学：提高涉外交流能力的学问 [M]. 北京：北京大学出版社，1995.

1. 思维方式方面的差异

文化会影响人们对外界事物的看法和认识，不同的国家存在不同的文化，因此在思维方式方面必然存在差异。思维方式是指人们的思维习惯或思维程序。不同的思维方式会造成交际行为、编译码方式、交际风格乃至词法、句法等方面的不同，进而影响到跨文化交际的顺利进行，这一点在东西方跨文化交际中表现突出。

西方文化的思维方式注重逻辑和分析，而东方文化的思维方式则表现出直觉整体性，这也是中国传统文化思维的特征。总括起来，中西思维方式的差异表现在十个方面：伦理性与认知性，整体性与分析性，意向性与对象性，直觉性与逻辑性，意向性与实证性，模糊性与精确性，求同性与求异性，反馈性与前瞻性，内向性与外向性，归纳性与演绎性。这些方面的差异对中西方的跨文化交际产生着巨大的影响。

2. 价值取向方面的差异

人们的交际能力是在社会化的过程中产生的，它必然与人们的价值取向联系在一起。价值取向即价值观，是人们关于什么是最好的行为的一套持久的信念，或是以重要性程度而排列的一种信念体系。这种信念体系，虽然看不见、摸不着，却无处不在，对人们的活动起着规定性、指令性作用。每一种文化都有自己特有的价值体系，也可以被称为人们的处世哲学和道德标准，它不能脱离具体的文化环境而存在。每一种文化对同一事物可能存在着不同的判断标准，但是我们绝不可以理解为一种价值标准先进，而另一种价值标准落后。文化不存在先进和落后之分，每一种文化都是自身文化环境的必然产物，它们在各自的文化体系内都有其存在的合理性，在进行跨文化交际时必须予以足够的尊重。

3. 行为规范方面的差异

行为规范是指被社会所共同接受的道德标准和行为准则，就是告诉人们该做什么和不该做什么的一种规范。不同文化背景的人们在交际时，会不自觉地套用自身所在的社会的行为规范来判定对方行为的合理性。而由于双方的行为规范存在差异，常常会产生误解、不快甚至更坏的结果。比如说中国人轻拍儿童的头部表示一种友好，但是在西方国家，这却是一种极不尊重儿童的做法，父母对此会非常愤怒。因此，在跨文化交际中正确地识别和运用行为规范是保证跨文化交际顺利进行的重要因素。

二、跨文化交际学

（一）跨文化交际学的概念

“跨文化交际”这个概念来自外语“intercultural communication”，指的是不同文化背景的人之间的交际，也就是不同文化背景的人之间所发生的相互作用。跨文化交际学，作为20世纪60年代起源于美国的一门年轻学科，是在国际交往频繁、全球经济一体化的特定时代发展起来的新兴学科。它的发展始终与其相邻学科的发展有关，比如语言学、交际学、语用学、语言心理学、社会心理学、人类学、文化学、哲学等。这些学科对跨文化交际理论的构建、研究的范围、内容等提供了建设性的帮助，为跨文化交际学成为一门独立的学科打下了理论基础。

不同的国家、民族由于不同的历史渊源、社会习俗而形成了特定的文化背景，从而又形成了不同的价值取向、思维方式、社会规范、语用规则，这些都给跨文化交际带来了潜在的障碍，甚至是文化冲突。所以跨文化交际的研究势在必行。

跨文化交际学以研究语言与文化的关系为主旨。进行跨文化交际学研究不仅可以培养人们对各种文化的包容理解态度，通过发现不同文化的差异来加深对自身文化的理解，而且可以培养和提高跨文化接触时的适应能力，减缓文化冲击。同时，它还是培养和提高跨文化交际技能的有效途径，应引起外语教师与外语学习者的切实重视。

（二）跨文化交际学的研究内容

跨文化交际学的涵盖面极广，总体来说，其研究内容主要包括以下几个方面：

1. 关于世界观、价值观方面的研究

所谓世界观，就是人们对世界的总的看法和根本观点，包括人在宇宙中的位置、人与大自然的关系等诸多哲学方面的概念。仅从人与自然的关系来看，东西方文化就有着截然不同的看法。西方文化认为，人是自然的主宰，自然是人征服的对象，人类可以利用科学技术改造自然，战胜自然。与此相对应，东方文化则认为人与自然是一种协调关系，人与自然紧密相关，人类不是改造自然，而是适应自然，奉行“天人合一”的哲学思想。所谓价值观，就是判断好坏、

是非的标准，包括人与自然的关系、宗教观念、道德标准等，它会将人的行为引至某个方向，因此，价值观就构成了文化与社会结构的主干。

2. 关于言语行为的文化特征和非语言交际方面的研究

言语和非言语行为的研究包括在跨文化交际中对跨文化沟通的影响和作用以及不同文化间的种种差异进行研究。文化诸多因素在不同程度上规定人们对外界行为的感知和译码方式，决定人们的交际行为。正因为不同文化背景下人们在信息解码、言语和非言语行为等方面存在着差异，从而使得这一领域的研究具有较强的实践性和深远的社会意义。

（三）跨文化交际学的研究视角

研究跨文化交际主要可以从以下四个角度入手。

1. 社会心理学视角

社会心理学视角源自人际沟通的理论和框架，对传统交际理论研究的主要批评在于这些理论往往存在隐晦的民族中心主义和父权社会特征，并且在分类模式上过于简化，以至于导向文化定式。而且，跨文化交际的研究几乎总是假设生活在某一个特定时间和地点的某个人属于某一文化，在跨文化交际研究中不承认个人在文化方面的创造力，以至于使跨文化研究成为不断发展的“生态谬论”。这种研究方法的目的是确定和解释交际上的文化差异，并预测未来的交际情况，这是因为这些跨文化交际研究是基于如下假设：第一，有一个可描述的、外部的现实；第二，人类行为是可预见的；第三，文化是一个可以测量的变量。

2. 批评视角

在批评视角中，研究者关注语境（包括社会历史语境和社会中权力、压迫、解放等思想意识）可能对我们跨文化互动产生的影响。这种方法承认种族、阶级、性别这些分歧会影响某一身份说话人的表达，从而限制文化多样性的思想意识。该方法包括阐释视角中的许多假设，侧重于宏观的背景，如影响交际的政治和社会结构因素等，其中自我反思是这种方法提出的另一个关注点。

3. 阐释视角

从阐释视角来看，有必要认识到交际中主体的复杂性，而不是采取目前似乎正流行的、典型的简化过程的研究方法。在这个视角下，最主流的跨文化交际研究，像人际沟通研究一样，跨文化的互动也不应被当作一成不变的，而应作为一个生活快照存在。因为在现实中，关系是一种复杂的过程，所以，只有这样研究才是不偏颇的。可以说，阐释视角是一个挑战跨文化的定义和意识形态性质的崭新的研究角度。采用这种方法的目的是了解和描述特定文化群体的人类行为，这种描述基于如下假设：第一，人类的经验是主观的；第二，人类行为是有创造力的，而非确定或容易预测的；第三，文化是通过交际来创造和维持的。

4. 本质主义与非本质主义视角

对于跨文化交际的研究还可以从本质主义或者非本质主义的视角进行区分。研究者可以从文化的本质、关系、地点、成员、交际和行为等概念对跨文化交际的内涵进行研究和探讨。

第一，本质主义视角下，“文化”是一个人们可以访问的地方，更是一个实体存在。从社会的角度看，它是均质的，因为认知特征是平均分布的。因此，从本质主义视角出发的学者会侧重于将各种文化看作平等的。而从非本质主义视角看文化，文化则是一种社会力量，社会是复杂的、具有特色的，难以控制，从而导致文化也是复杂的、具有特色的，难以控制。因此，从非本质主义视角出发的学者会侧重于各文化之间的差异。

第二，在本质主义视角下，存在互不相融的民族文化，一种文化中的人与另一种文化中的人从根本上讲是不同的。因此，从本质主义视角出发的学者会侧重于文化交流中不变的内容。而非本质主义视角下的文化能变化、混合、跨越并穿越另一种文化，不受国界的限制，同时使得界限非常模糊。因此，从非本质主义视角出发的学者会侧重于文化交流中相互交融的内容。

第三，本质主义视角认为地点是与一个国家和语言相关的，与国家所在的洲的宗教、民族或种族的文化以及亚文化有密切关系。因此，从本质主义视角出发的学者会将文化域与地域相联系。而非本质主义视角下，地点与价值有关，使得人们可以在任何一段时间与任何种类和规模的组织平等联系，可以通过话语也可以通过语言来辨别它。因此，从非本质主义视角出发的学者会对各种地域文化进行比较，寻找差异性。

第四，本质主义视角下的人是完全属于某一国家的文化和某一种语言的。而从非本质主义视角下来看，在一个社会内部或社会与社会之间，人们可以属于也可以穿越一个复杂的多重文化体。

第五，从本质主义视角下来看，与外国人或不同的人交际，我们必须首先了解他们文化的详情和模式。而从非本质主义视角下来看，与属于你所不熟悉的组织中的任何人沟通，我们必须要了解他身份的复杂程度。

第六，本质主义视角下的“文化”像一个有着具体、独特的个性的人，他一心一意地行事。人们的行为是由他们生活在其中的文化来界定和约束的。从非本质主义视角下来看，人受文化形式多样性的影响，同时又利用着文化多样性。

第三节　外语专业跨文化交际文化教学

一、文化教学

（一）文化教学的概念

语言是社会的产物，它是特定社会文化的载体。语言蕴含着一个民族丰富的文化价值及其独特的文化意义。不同的语言代表了不同的文化，语言受文化影响，其本身也是精神文化的一部分，语言与文化密不可分，相互影响，相互作用。语言是不能脱离文化而存在的。也可以说，语言教学就是文化教学，文化从学习者开始学习外国语的第一天起就渗透在整个学习过程中。第二语言的习得同时也是第二文化的习得。当我们学习一门语言时，我们同时也是在学习品鉴一国一族的文化，当教师在教一门语言时也是在传递一种文化理念，学习一门外语就意味着学习跨文化交际，学习一个不同于自己民族的文化，学习另一种思维方式和习惯。因此，文化教学是语言教学和跨文化交际能力培养的基本内容目标。

（二）文化教学的主要内容

根据国内文化教学内容结构层次有表层结构、中层结构和深层结构的理论，我们的文化教学也应该由表及里，由浅入深。根据 14 项文化对语言的三分法即符号关系、符号意义、符号运用，将初级阶段的文化学习的内容划分为以下几个方面：礼貌用语、手势语言、衣食住行的习惯、学生的日常生活、业余文体生活、节假日活动、家庭关系、亲友关系。学习的高级阶段包括社会制度、经济制度、法律制度及主要法律、世界观和人生观、宗教信仰、价值观、态度、与社会的合作、现代科技成果、禁忌。

大学外语中的文化教学可以激发学生学习外语的积极性，满足学生对学习的要求，随着文化知识的积累和丰富，学生对语言会理解得更透彻、更深刻，有利于促进学生外语水平的增长和提高。

二、外语专业跨文化交际文化教学的实施

（一）端正学生的文化学习态度

教师要使学生认识到文化在跨文化交际中的重要性，在课堂中有意识地把文化教学融入教学活动中。教师要了解学生的学习态度，尤其是他们对待外语文化的态度。由于生活环境和生活习惯以及所受的教育不同，学生对待外语文化的态度也可能会不同。在这种情况下，教师需要端正学生的文化态度，让他们认识到，文化作为社会的产物，不可避免地要反映一个社会的信仰、价值、风俗、传统、机构等。我们学习外语文化不是去全盘接受他人的理念或价值，而是去了解他人的文化，去丰富我们对这个世界的认识，从而更有助于不同文化背景的人进行沟通与交流。

（二）完善教学大纲，加强教材建设

大学外语教学大纲应对语言运用能力和文化素养提出具体要求，修正其文化教学观，在教学目的部分明确提出跨文化交际能力的教学目标。大学外语教学大纲中规定的教学目的影响着教学法的选择和运用，而教材是实施教学大纲的载体。教材编写的指导思想、教学目标、选材内容与练习方法对教学活动的效果起着至关重要的作用。在教材选择方面多选一些有实际运用价值的语言教材，而不是"中文的思想＋英文的形式"。为了使学生更容易学习西方的文化知识，了解其文化的根源，应在大学外语初级教育阶段加入外语国家文化选修课程。

（三）选择合适的文化教学材料

首先，在教学材料的选择上，教师不要仅仅局限于外语是母语者的材料，因为这些材料大都反映了英美人的生活理念、价值标准、社会制度等。过多地输入这些材料，可能使学生误以为这就是外语文化，从而忽略了其他外语非母语国家的文化。其次，学习材料的选择也需要考虑本民族的宗教理念和价值观。一些对西方学习者来说无伤大雅的图片和语言可能对某些民族或宗教团体来说

却是不能接受的。此外，我们也应当注意到对于欧美文化的过度输入也可能导致对本族文化的遗忘或轻视，因此，有必要使学习者在学习外语的同时了解本土文化。但是我们提倡选择与本民族文化有关的学习材料，并不是否认对涉及其他民族文化材料的输入和认知，毕竟文化多元化意识是成功交际的关键。

（四）进一步改进教学方法

文化教学方法大都是通过实践，结合社会学、文化学、教育学和心理学的相关理论研究开发出来的。教师可根据文化教学内容、学生学习水平采用以下几种灵活有效的方法。

1. 文化讲座

讲座作为传授知识的一种有效有段，对于文化教学来说也是必不可少的。跨文化交际能力的培养需要学习者了解和掌握相关文化知识、文化的本质特点和功能、文化的内容、不同文化的价值观、习俗规范等，这些内容都可以通过讲座的形式传授给学习者，有利于学习者进行系统文化知识的学习。但是这种形式带给学习者的都是间接经验，学生容易产生厌倦的感觉，所以还要辅之以其他方法来强化讲授内容。

2. 开展文化讨论

文化讨论的开展采用学生定期组织、教师指导的方式。这个方式既可以是就某个文化专题分组讨论，也可以是模拟角色。针对具有明显文化差异的现实情境，教师进行合理的筛选，学生在课堂上分小组，组织语言，扮演不同角色，对情境进行模拟。通过这种轻松、有趣的形式，将特定的语言融合于特定的文化环境中，使学生恰当、轻松地运用语言，便于学生加深对西方文化中的礼仪、社交特点的理解，从而培养学生的跨文化意识和能力。通过这两种方式，让学生自觉地置身西方环境中，使其在不知不觉中感知西方文化的魅力。文化讨论组的建立，能更好地调动学生个体的积极性，使他们积极地吸取文化养分，进而解决跨文化的语言沟通问题。

3. 典型案例分析

以下通过分析实际跨文化交际中发生的具有典型代表意义的案例，来说明跨文化交际中误解产生的原因，帮助学习者了解两种不同文化在某个方面的不同期望和表现。具体说法是：首先对来自不同文化背景的交际双方之间所产生的误解及情境进行描述，然后给出四个解释误解产生原因的选择，让学生根据自己的理解进行选择。对于这些案例学习者感到非常有趣，能够激发学习者在选择时进行思考，有利于跨文化敏感性的培养。

4. 文化包和文化群

文化包是指教师向学习者讲述本族文化与目的文化之间的某个本质差异，并借助多媒体手段向他们呈现这一差异的具体表现，然后教师给学生提出若干相关问题，由此展开讨论；主题选择非常灵活，教师根据需要，可以选择具体的文化主题，如习俗、日常语言交际或非语言交际行为，也可以选择抽象的思维模式或价值系统作为主题。但是对于教师，设计合适的文化包是一件费时费力的事情。文化群由讨论同一文化主题的若干个文化包组成。文化群方法的采用特别有利于学习者全面、系统地学习和了解目的文化，但是同样存在费时费力的问题。

5. 模拟游戏

模拟游戏是一种亲身体验式的活动，充分利用假想，扩大视野，促进能力的提高，学习者通过模拟游戏可以感受到一些自己尚未经历的情境，从中获取经验和认识，这对于文化学习者来说至关重要。以文化冲撞为例，文化冲撞是跨文化交际中的一个普遍现象，它虽然给跨文化交际者带来痛苦和困难，但是它有利于文化调适的完成和跨文化交际能力的培养，经历过文化冲撞的人往往具有较强的文化敏感性，更愿意接受跨文化培训。所以，要为文化学习者创造一种文化冲撞的氛围，让他们感受文化冲撞带来的困难和痛苦。

文化学习是一个潜在的、循序渐进的过程。在不断地接触和认知中，学生才能逐步了解另一种文化，并慢慢地接受。文化的输出也应该由浅入深，循序渐进，让学生先认识一些表层文化，然后逐步挖掘其深层文化内涵，如果输入的文化过多过深，则可能增加学习者的学习负担，或令他们丧失学习的兴趣。以上各种方法以跨文化能力培养为主要目的，经过变通和再设计与外语教学有机结合，成为跨文化外语教学的方法。

（五）文化知识输入和交际实践相结合

大学外语课程教学要求的目标是以学生语言技能、语言知识、情感态度、学习策略和文化意识的发展为基础，培养学生的外语综合运用能力，提高人文素养，增强实践能力。外语学习者的交际能力即跨文化能力的培养是汉语文化背景下外语教学的主要目标之一。交际能力的一个重要特征就是使学习者在与对方交流的过程中能根据话题、语境、文化背景等进行得体、恰当的语言表达。在教学中，教师不仅要讲授课文的重点词汇、语法，而且要加入文化背景知识的介绍和讨论。同时要加入中西方文化差异的对比，并对西方的某一文化进行延伸、拓展。如对于西方节日的介绍，可从其产生的原因、相关人物、庆祝方式等方面进行介绍，同时，可以让学生自己收集相关资料，并与中国节日文化比较区别，教师再进行归纳总结。

（六）拓宽渠道，利用多种资源来学习跨文化交际知识

国家对高等教育加强了重视并加大了投资，我们应充分利用先进设备辅助外语教学的实施，如多媒体设备、网络教室、远程教学辅助平台等。多媒体技术能提供文字、声音、动静态图像一体化的界面，教师可灵活地切换教学中所需要的内容，使得课堂及教学更充实、逼真，更形象化和更具吸引力。学生可以从网上查阅或下载相关的文化资料，也可以通过观看视频资料更直接生动地理解抽象、深刻的文化内涵，这种信息量和影视效果是传统课堂所无法比拟的。在教学的方法上，教师应充分利用科技带来的便利条件。教师在课堂上可以通过多媒体播放电影和视频短片的方式让学生了解其他民族的文化。提供真实的材料让学生去接触多元化的语言与文化。形象、生动、真实、有趣的视频及文字信息有机结合，作用于学生的多种感官，为学生提供了原汁原味的文化认知素材，激发学生无尽的学习热情和持久动力，吸引学生积极参与各种活动，从而优化课堂结构，提高教学质量。很多复杂的文化现象，通过电影、录像、声音解说，就一目了然、豁然开朗了。多媒体教学创造了传统教学模式手段无法比拟的纯正的语言环境，大大提高了文化教学的效率。多媒体教学具有时空无限制的优点。学生可以在课堂外随时利用多媒体教学资源进行学习、咨询、求教，大大拓宽了学生的视野，提高了学习的效率。

电影和视频是了解外国文化最直观、最便捷的手段。但是教师在选择影片和视频时必须慎重，影片和视频所播放的应该是有助于沟通和交流的文化背景知识，而非那些有悖本民族传统和价值的材料。同时，这些影片也应该是学生感兴趣的。当然这些影视材料也应该反映文化多样性，即教师应该选择代表不同民族文化的影视作品，而非单纯的英美影片。

除此之外，学生也可以学着通过 E-mail、网络聊天等方式与其他外语使用者进行交流；在教学中可以引导学生阅读各类英文读物，扩大学生阅读面，让

学生从各方面接触西方社会的文化。博览群书才能更广泛地了解不同的文化，理解社会现象背后隐藏的文化差异，这样有利于培养跨文化交际意识和能力，使学生对文化的了解更深刻。

（七）探索创新文化评估方式

目前我们还没有一个统一的标准和评估方式来考查学生的外语文化水平。我们的测试主要是以考查学生的文化知识记忆能力为主，而这远远达不到我们文化教学的目标，即培养学生的跨文化交际意识与能力。因此文化测试导向应探索倾向于以实用为主的方法，如可以通过某一文化主题进行讨论，让学生进行分角色表演，创造机会鼓励学生和其他不同文化的外语学习者进行交际等方式来对其文化运用能力进行评估。

（八）延伸教学空间，拓宽学生学习和运用外语的渠道

除了课堂教学，教师要定期举办有关中西文化比较、外语文化概要等关于外语文化知识的讲座，邀请著名学者、专家、外籍人员向学生介绍外语国家的历史、习俗、人文风情等文化知识。不论是在课堂上与外教交流还是直接参与课外真实生活的交流，都可以帮助学生加深对语言规则和行为模式、文化背景的理解。积极地利用课外外语资源，鼓励学习者多了解外语国家的文化背景。利用课中和课余时间，积极组织外语角活动，在练习语言的过程中有效地克服母语的干扰、语言的障碍以及培养外语交际能力。同时还可以增加欣赏外语歌曲、名人演讲、外语短剧表演、电影片段等学习形式，让学生在实践中深刻地体会外语国家的文化知识。组织一些外语交流活动，类似外语沙龙、外语角等，可以不定时邀请外籍留学生参与，他们身上最能体现自己民族的文化特征，这是与中国教师相比最大的优势。因此，学生应积极寻找与外教交流的机会，可选本校的外教，也可以在网络上寻找适合的语言交流伙伴。通过真正的实践，体会他们的思维方式和语言表达，深刻感受外语文化的魅力，真正融入外语文化的背景中，学生的跨文化交际能力才能真正得到提高。总之，交流是深入浅出、潜移默化的最好教学方式。

（九）提升教师的文化教育综合素质

教师肩负培养提高学生跨文化交际能力的重任，因此在教学中教师首先要努力提高自身的理论水平，更新教育观念，树立外语教学是一种文化教育的思想，并把这种思想传递给学生。教师不仅应该精通传统的外语教育，还应该熟

悉西方文化。外语教师作为学生跨文化交际能力的培养者、跨文化的传播者，其自身的跨文化交际意识和能力至关重要。在教学过程中应该有意识加入文化背景的解释，并能与相关的中国文化进行对比，学生就会很容易在学习中了解到中西文化的异同点。因此，要培养教师本身的跨文化意识，可通过自修、培训等各种办法提高教师的水准，使其在授课时自觉融入外语文化的背景中，及时给学生输入文化知识。

语言教与学的具体实施主要由教师及学生共同来承担。在这样一个培养学生跨文化交际能力的大环境下，在教学上就要改变传统的教师讲、学生考前突击的教法，而改为以学生为主，教师指导。帮助学生收集资料，自觉地吸取中西方文化的营养，教师由“前台的圣人”转向“后台的向导”，同时加强对双重文化的学习。只有这样才能在教学过程中对学生起到启发、引导的作用，才能充分调动学生的积极性，有效地组织以学生为中心的课堂教学，发现问题，解决问题，提高学生的人文素质。要全方位地实施双向的互动，语言的学习过程就是文化的学习和交流的过程，是活的语言实习过程。

同时，学校应该为外语专业教师提供更多的机会去进修、交流或出国学习，更新外语教师的知识体系，提高其理论素养。教师本身文化视野的广阔与否对于跨文化交际会产生直接影响。所以，教师要有意识地扩大自己的知识面，以适应跨文化教育。教师还应积极利用现代化的手段来拓展外语文化视野。

随着中国经济的发展和对外交流的不断深入，当代社会呼吁更多既有专业知识又有扎实外语基础的复合型人才，因此重视大学公共外语文化教学，培养大学生跨文化外语交际能力，是现在大学外语专业教学的一个发展趋势。

参考文献

[1] 白靖宇. 文化与翻译 [M]. 北京：中国社会科学出版社，2010.

[2] 白玉德. 中国传统文化新编 [M]. 武汉：华中理工大学出版社，1996.

[3] 陈浩东，等. 翻译心理学 [M]. 北京：北京大学出版社，2013.

[4] 单波，刘欣雅. 国家形象与跨文化传播 [M]. 北京：社会科学文献出版社，2017.

[5] 胡伟. “一带一路”：打造中国与世界命运共同体 [M]. 北京：人民出版社，2016.

[6] 江泽民. 江泽民文选（第三卷）[M]. 北京：人民出版社，2006.

[7] 李成洪. 英语教学与跨文化传播 [M]. 沈阳：东北大学出版社，2013.

[8] 李建军. 文化翻译论 [M]. 上海：复旦大学出版社，2010.

[9] 廖美珍. 语言学教程（修订版）精读精解 [M]. 成都：西南交通大学出版社，2009.

[10] 牟杨. 新编简明英语语言学教程学习指南 [M]. 2 版. 成都：西南交通大学出版社，2012.

[11] 孙英春. 大众文化：全球传播的范式 [M]. 北京：中国传媒大学出版社，2005.

[12] 孙英春. 跨文化传播学 [M]. 北京：北京大学出版社，2015.

[13] 孙英春. 跨文化传播学导论 [M]. 北京：北京大学出版社，2008.

[14] 万俊人. 寻求普世伦理 [M]. 北京：商务印书馆，2001.

[15] 王希杰. 语言是什么？[M]. 上海：上海教育出版社，1983.

[16] 王祥云. 中西方传统文化比较 [M]. 郑州：河南人民出版社，2006.

［17］王义桅．“一带一路”：中国崛起的天下担当［M］．北京：人民出版社，2017.

［18］王义桅．“一带一路”：机遇与挑战［M］．北京：人民出版社，2015.

［19］闫文培．全球化语境下的中西文化及语言对比［M］．北京：科学出版社，2007.

［20］赵元任．语言问题［M］．台北：台湾商务印书馆，1968.

［21］中国符号学研究会．逻辑符号学论集［M］．上海：百家出版社，1991.

［22］芮沃寿．中国历史中的佛教［M］．常蕾，译．北京：北京大学出版社，2009.

［23］李约瑟．中国科学技术史记（第2卷）［M］．何兆武，等译．北京：科学出版社，1990.

［24］罗兰·巴特．神话［M］．许苗，等译．上海：上海人民出版社，1999.

［25］艾瑞克·克莱默，刘杨．全球化语境下的跨文化传播［M］．北京：清华大学出版社，2015.

［26］丹尼尔·贝尔．资本主义文化矛盾［M］．赵一凡，译．北京：生活·读书·新知三联书店，1989.

［27］欧文·拉兹洛．决定命运的选择［M］．李吟波，译．北京：生活·读书·新知三联书店，1997.

［28］费尔迪南·索绪尔．普通语言学教程［M］．高名凯，译．北京：商务印书馆，1980.

［29］雷蒙德弗·思．人文类型［M］．费孝通，译．北京：华夏出版社，2002.

［30］约翰·汤林森．文化帝国主义［M］．冯建三，译．上海：上海人民出版社，1999.

［31］陈思琦．“一带一路”下对外汉语教学的新方向［J］．课程教育研究，2015（19）．

［32］苑迪．“一带一路”背景下对外汉语文化教学教材编写探索［J］．活力，2016（15）．

［33］李杨，刘翠凤，吕维忠．“一带一路”背景下复合型外语人才的需

求分析［J］．高教学刊，2015（11）．

［34］蔡虹．中国故事，国际表达［J］．中国经济周刊，2014（22）．

［35］戴圣鹏．论文化的包容性［J］．人文杂志，2015（3）．

［36］杜维明．文化多元、文化间对话与和谐：一种儒家视角［J］．中外法学，2010（3）．

［37］侯贺英，陈曦．文化体验理论对文化教学的启发［J］．时代经贸，2012（2）．

［38］具天书．“东亚共同体”建设的障碍与出路：韩国的视角［J］．当代亚太，2012（1）．

［39］李丽，郭伏良．跨文化交流中的“和而不同”原则［J］．人民论坛，2011（11）．

［40］李巍巍．跨文化传播中的文化冲突和融合［J］．新闻爱好者，2008（5）．

［41］梁晓波．中国国家形象的跨文化建构与传播［J］．武汉大学学报（哲学社会科学版），2014（1）．

［42］邱仁富．文化共生与和谐文化探幽［J］．学术交流，2007（11）．

［43］任剑涛．地方性知识及其全球性扩展——文化对话中的强势弱势关系与平等问题［J］．厦门大学学报（哲学社会科学版），2003（2）．

［44］施旭．话语分析的文化转向［J］．浙江大学学报，2008（1）．

［45］田传信．论文化包容性与存在［J］．文教资料，2007（9）．

［46］伍柳氏．和而不同　多元共生——略论全球化背景下中国文化发展策略抉择［J］．湖南社会科学，2011（5）．

［47］许国璋．语言的定义、功能、起源［J］．外语教学与研究，1986（2）．

［48］叶淑兰．关于“一带一路”跨文化传播创新的思考［J］．对外传播，2016（4）．

［49］周文伟．论文化图式、跨文化交际与文化主体意识［J］．湖南商学院学报（双月刊），2008（1）．

［50］朱鸿军，刘向华．“走出去”到“走进去”：对外传播新境界的新媒体作为［J］．对外传播，2017（9）．

［51］巴里·布赞，任东波．“国际共同体”意味着什么？［J］．史学集刊，2005（2）．

[52] Dale Leathers. Successful Nonverbal Communication [M] . New York, NY: Macmillan, 1986.

[53] David Goldberg. Multicultural [M] . Cambridge. CA: Blackwell, 1994.

[54] George Ritzer. Modern Sociological Theory [M] . New York: McGraw Hill, 1996.

[55] Kath Woodward. Questioning Identity [M] . New York: Routledge, 2000.

[56] Michael Heim. The Metaphysics of Virtual Reality [M] . New York: Oxford University Press, 1993.

[57] Duane Varan. The Cultural Erosion Metaphor and the Transcultural Impact of Media Sytems [J] . Journal of Communication, 1998 (2) .

[58] Joseph Gusfield. Tradition and Modernity [J] . The American Journal of Sociology, 1967 (72) .